ullstein

## Das Buch

Jesus ist ein Mehrtürer, die Golden Gate Bitch eine berühmte Brücke in San Francisco und Konrad Adenauer? Der Gründer der Stalin-Staaten. Unwissende Schüler trumpfen gern mal mit Halbwissen auf. Doch was Lehrer leise verzweifeln lässt, ist oft zum Schreien komisch.

Das stellten auch die SPIEGEL-ONLINE-Redakteurinnen Lena Greiner und Carola Padtberg-Kruse fest, als sie ihre Leser dazu aufriefen, die witzigsten und absurdesten Schülerantworten einzusenden. Ihr Buch versammelt Hunderte Zitate aller Jahrgangsstufen und Fächer – ein unvergleichlich komisches Zeugnis deutscher Unbildung!

## Die Autorinnen

Lena Greiner, Jahrgang 1981, stammt aus Hamburg. Sie studierte Politikwissenschaft und Internationale Beziehungen in Hamburg, Berlin und Washington, DC. Nach dem Studium arbeitete sie zunächst als freie Journalistin und schrieb vor allem über Bildungspolitik. Seit 2013 ist sie Redakteurin bei SPIEGEL ONLINE.

Carola Padtberg-Kruse, Jahrgang 1976, studierte Englische Literatur und Politik in Bonn und London. Sie volontierte bei *Zeit-Online* und ist seit 2005 Redakteurin bei SPIEGEL ONLINE im Ressort Uni-SPIEGEL.

Lena Greiner /
Carola Padtberg-Kruse

> # Nenne drei
> ## Nadelbäume:
>
> - Tanne 😋
> - Fichte
> - Oberkiefer

Die witzigsten Schülerantworten

Mit Cartoons von
Hauck & Bauer

Ullstein

Besuchen Sie uns im Internet:
www.ullstein.de

Originalausgabe im Ullstein Taschenbuch
1. Auflage September 2015
29. Auflage 2025
© Ullstein Buchverlage GmbH, Friedrichstraße 126,
10117 Berlin 2015
In Kooperation mit SPIEGEL ONLINE, Hamburg
Wir behalten uns die Nutzung unserer Inhalte für Text und
Data Mining im Sinne von § 44b UrhG ausdrücklich vor.
Bei Fragen zur Produktsicherheit wenden Sie sich bitte an
produktsicherheit@ullstein.de
Umschlaggestaltung: ZERO Media GmbH, München
Titelabbildung: © FinePic®, München
Satz: KompetenzCenter, Mönchengladbach
Gesetzt aus der Berkeley Oldstyle Std
Druck und Bindearbeiten: ScandBook, Litauen
ISBN 978-3-548-37562-5

# Inhaltsverzeichnis

# Einleitung

Was ist Mut?

»DAS ist Mut«, schreibt ein Schüler auf den Prüfungsbogen und gibt die Philosophieklausur nach wenigen Minuten mit nur diesen drei Worten ab.

So *soll* es sich zugetragen haben. Irgendwo, irgendwann. Die Legende der wohl kreativsten Schülerantwort hält sich seit Jahrzehnten hartnäckig, einige Lehrer wollen sie sogar selbst erlebt haben – und berichteten uns davon. Mehrere hundert Pädagogen aus Deutschland, Österreich und der Schweiz sind einem Aufruf bei SPIEGEL ONLINE gefolgt, uns die witzigsten und traurigsten Wissenslücken ihrer Schüler zu schicken. Sie sendeten uns ihre schönsten Stilblüten aus dem Unterricht – von Grundschule bis Gymnasium und Berufsschule: In diesem Buch sind sie vereint, die absurdesten Fehltritte.

Ob sich die legendäre Situation mit dem mutigen leeren Blatt wirklich mehrmals zugetragen hat? Wir bleiben skeptisch, doch was wir wissen: Jeden Tag werden Kinder und Jugendliche in Klassenzimmern äußerst kreativ, vor allem, wenn sie nicht weiterwissen.

Wir erinnern uns selbst noch gut an das Gefühl der Frustration, wenn der Lernstoff in der Schule so abstrakt blieb, dass ihn unser Gehirn partout nicht aufnehmen wollte. Wie das Herz raste und die Handflächen schwitzten, wenn in Klausuren oder im Unterricht nicht die – auf Lücke – gelernten Fakten, sondern größere Zusammenhänge oder gar völlig unbekannte Dinge abgefragt wurden. Wie unfair sich ein unangemeldeter Test am Montagmorgen anfühlte: Bedrohlich schlenderte der Feind mit verschränkten Armen und einem diabolischen Lächeln durch die Reihen, während wir fieberhaft etwas auf das Papier kritzelten. Und wir wissen noch genau, wie wenig das alles mit unserem wirklichen Leben zu tun hatte, wie viel Überwindung es kostete, sich mit dem Schulkram zu beschäftigen.

Das Schülerleben kann als gefühlt endlose Abfolge von Prüfungen, Tests, Referaten und Diktaten gesehen werden. Von Algebra über Goethe bis zum Zitronensäurezyklus – Schüler bekommen Tausende Fragen gestellt, schwierige und einfache, und sie müssen auf alle eine Antwort finden. Bis zu 13 Jahre lang werden sie miteinander verglichen und in Raster eingeordnet. Nach der Klausur ist vor der Klausur, nach dem Zeugnis ist vor dem Zeugnis. Das fetzt nicht immer, so viel ist klar. Dass es manchem eine Zeitlang schlicht zu doof ist, in diesem Leistungssystem mitzuwirken, ist nur verständlich.

Für Schüler, die aus diesen Situationen das Beste machen, ist dieses Buch der unfreiwilligen Komik im Klassenzimmer geschrieben. Ihr Ehrgeiz, die Lücken in den Fragebogen – und in ihren Köpfen – trotz Faulheit und Ahnungslosigkeit irgendwie zu füllen, bringt uns immer wieder zum Grinsen, häufig aber auch sehr zum Lachen. Denn die Schüler arbeiten dabei häufig mit erstaunlich hoher geistiger Flexibilität und ganz eigenen Lösungsstrategien, und würde man den verlangten Kanon einmal wegdenken, wären einige dieser Antworten durchaus plausibel. Allerdings nur einige – die meisten sind schlicht witziger Unfug.

So wie jüngst im Politikunterricht einer 8. Klasse. Das Thema: Die Ukraine-Krise.

Lehrer: »Welche Staaten außer der Ukraine fühlen sich jetzt auch von Russland bedroht?«

Schülerin: »Holland!«

Lehrer: »Hä? Wieso Holland? Guck mal auf die Landkarte!«

Schülerin: »Ja, aber das steht doch da: Hollande und Merkel sorgen sich sehr wegen der Ukraine-Krise.«

Nicht alle Lehrer schätzen diese komische Seite ihres Arbeitslebens. Viele sind verstört ob der Unwissenheit ihrer Schüler. Die größte Schwierigkeit besteht für Lehrer ja darin, dass sie mindestens 24 Zuhörer gleichzeitig abholen müssen. Da sitzen Jugendliche mit dem intellektuellen Niveau einer Zimmerpflanze neben oberschlauen Nachwuchsgenies. Wie der Unterricht also auch gestaltet wird: An einigen gehen die Lektionen immer vorbei. Mancher Schüler fühlt sich beleidigt, wenn im Physikunterricht der zwölften Klasse immer noch nach Grundlagen aus der Siebten gefragt wird, und macht sich über die Fragestellung lustig. Eine Reihe weiter denkt sein Mitschüler immer noch, die Erde sei eine Scheibe.

Dieses Buch ist deshalb auch Lehrern gewidmet, für die

falsch nicht gleich falsch ist. Lehrern, die das Potential von Lösungswegen zu schätzen wissen und die für die Fähigkeit, Dinge anders zu sehen, hin und wieder einen Kreativpunkt vergeben. Schließlich hat auch ihre Art zu fragen mit dem Unterrichtserfolg zu tun: Wenn eine Aufgabenstellung mehrere Bedeutungsebenen hat, ist es doch dem Empfänger überlassen, welche davon er sich aussucht und beantwortet, oder?

Ein Hauptschullehrer wollte beispielsweise in einer Klassenarbeit wissen: Wer wurde im Jahre 800 nach Christus zum Kaiser gekrönt? Wie im Studium gelernt, gab er den Schülern drei Antwortmöglichkeiten vor – die richtige, eine unwahrscheinliche und eine, wie er selbst sagt, »total bekloppte«: Karl der Große, Wilhelm II. und Franz Beckenbauer. Und was kreuzten 40 Prozent der Achtklässler an? Kaiser Beckenbauer. Eben.

In den folgenden drei Kapiteln lesen Sie zunächst von den besten Lachern aus den Fächern Deutsch, Fremdsprachen, Geschichte und Politik. Danach betreiben wir Ursachenforschung und klären, wie Blackouts im Gehirn entstehen, was man dagegen tun kann und warum Pubertierende sich einfach nicht konzentrieren können, wenn die erste Stunde um acht Uhr beginnt.

Dabei geht es im Deutschunterricht nicht nur um sprachliche Hürden, wie sie dieser Lehrer erlebt hat: »Ein Schüler aus Somalia, der oft zu spät kommt, kam einmal mehr zu spät«, erzählt der Pädagoge. Er sagt zu dem Jungen: »Jetzt bist du wieder zu spät; wo kommst du denn her?« Der Jugendliche, ganz verdutzt: »Aus Afrika!« Auch Muttersprachler greifen gern mal daneben, so wie in dieser Abiturklausur im Deutsch-Leistungskurs: »Schriftsteller in den 50er Jahren waren nur erfolgreich, wenn sie mit Glied in der Gruppe 47 waren.«

Und erst die Fremdsprachen! Meinen Sie wirklich, mit Hilfe eines Wörterbuchs sei eine Übersetzung ein Kinderspiel? Irrtum! Wer nämlich nicht weiß, dass das deutsche Adjektiv »reich« klein geschrieben wird, übersetzt den Satz »Mein Vater ist reich« schon mal mit »My father is Empire«. Kein Witz, genau das ist passiert, wie wir dank der Einsendung eines Lehrers aus Nordrhein-Westfalen wissen. Auch die Fächer Erdkunde, Geschichte und Politik halten ihre ganz eigenen Folterinstrumente bereit. Da wirbeln im Schülerhirn Namen von Ländern, Jahreszahlen und Politikern hoffnungslos durcheinander, und während die Gehirnzellen noch verzweifelt nach der richtigen Kombination schnappen wie ein Ertrinkender nach Luft, pressen die Schüler irrwitzige Lösungen hervor: Dann hat Mehmet Scholl die Nazis bekämpft, die berühmte Brücke in San Francisco heißt Golden Gate Bitch, und Caesar war Diktator auf Lebenszeit, weil er, so die Logik eines Sechstklässlers, so derart gut war in: Rechtschreibung.

Auch das Fach Religion stiftet in Kinderköpfen offenbar viel Verwirrung: Was war da los mit Abraham und Eva, warum lag das Jesuskind mit einer Grippe im Stall, und was hat ein berühmter Fußballer mit der Bibel zu tun? Jetzt wissen wir es. Speziell, aber nicht weniger abenteuerlich geht es in den Fächern Bio, Chemie und Physik zu. Abstruses Halbwissen lässt sich hier noch schlechter kaschieren.

Da werden Rotkäppchen zur heimischen Fauna gezählt, Esel mit Maulwürfen gepaart und die Müllabfuhr zum Ökosystem gemacht. Selbst Lehrer können sich manchmal nicht zurückhalten. »Und wo sind wir mit unseren Gedanken?«, kommentierte ein Bio-Lehrer diesen Satz in einer Klausur: »Unterkiffer, Rippen …«

Wichtig war uns als Autorinnen in jedem Fall: Humor. Schließlich ist kein Mensch perfekt (faule Schüler erst recht nicht). Eine Lehrerin schrieb uns: »Bitte lassen Sie deutlich werden, dass ich – und ich denke, auch alle anderen Einsender – mich zwar innerlich sehr amüsiert habe, als diese Schülerantworten im Unterricht fielen, aber die Kinder nie ausgelacht oder dem Spott der Klasse preisgegeben habe.« So wohlwollend sehen wir das natürlich auch. Oder meinen Sie etwa, da wäre auch Schadenfreude im Spiel gewesen?

Könnte sein. Lesen Sie selbst.

## Hinweis an die Leser

Rechtschreib-, Grammatik- und Zeichensetzungsfehler in den Schülerantworten wurden in der Regel korrigiert – es sei denn, sie machen den Witz aus. Sofern bekannt, haben wir die Klassenstufe und die Schulform angegeben, die Rekonstruktion war jedoch nicht in allen Fällen möglich. Die Zitatgeber bleiben durchgehend völlig anonym.

Dasselbe gilt auch für die vielen Lehrer, die uns zusätzliche Anekdoten aus ihrem Arbeitsleben geschickt haben: Wie sie manchmal vor Prüfungsblättern sitzen und rätseln, wie sie witzige, aber falsche Antworten benoten – und wie sie sich vor zu großer Enttäuschung schützen, wenn ihr persönliches Lieblingsthema von der Jugend mit Dummheit und Ignoranz geächtet wird.

wir haben ihm jetzt Goethes »Faust« als Videospiel gekauft. Vielleicht hilft's ja was.
WO KANN ICH DAS BLÖDE GRETCHEN ABKNALLEN?
H&B

# »Philipp Reclam schrieb Kabale und Liebe«: Der Deutschunterricht

Ratter, ratter, ratter … man brütet vor dem Aufgabenblatt, doch es will einem einfach nichts Gescheites einfallen. Der Sinn von Literaturinterpretationen erschließt sich Schülern nicht auf den ersten Blick. Wozu sollen Versfuß und Reimschema im echten Leben gut sein? Doch Pädagogen, Kultusminister und Bildungsforscher bleiben hartnäckig: Johann Wolfgang von G. wird nie aus dem deutschen Bildungskanon verschwinden.

Um das Textverständnis der Schüler ist es zwar oft schlecht bestellt, besonders, wenn ein Drama gar nicht gelesen wurde. Doch schuld sind nicht die Lehrer allein. Goethes »Iphigenie auf Tauris« einer Klasse ruppiger Halbwüchsiger nahezubringen ist und bleibt eine undankbare Aufgabe. Kein Wunder also, dass minimal vorbereitete Schüler in der Prüfung dann maximal kreativ werden müssen. Viele schaffen es immerhin noch, ihren Nonsens schlau klingen zu lassen. Und wenn der Deutschkurs zur Liebeslyrik vordringt? Spätestens dann muss jeder Deutschlehrer, der sein Germanistik-Studium einst aus Liebe zur Literatur aufnahm, ganz, ganz stark sein. Oder viel Humor haben, so wie dieser Pädagoge, der seine Schülerantworten-Einsendungen mit Kommentaren wie diesen versah: »BANAUSE!!!« Und: »Ich glaube, hier ist etwas ganz anderes ein DRAMA!!!« Oder: »Schluchz … ich habe als Lehrer versagt!«

# Fack ju Göhte

Die Leiden des jungen Lehrers: Herrlicher Unsinn fällt Schülern zu den Werken **Goethes** ein. Ein Muss in der Oberstufe ist **Faust I**. Zu diesem Drama aller Dramen stellten die Gymnasiasten in einem Grundkurs Deutsch folgende abenteuerliche Hypothesen auf:

>»Gretchen wird zum Fraß der Gesellschaft.«

Aber ist es nun ein leckeres Gretchen oder ein ganz und gar unschuldiges Mädchen? Vielleicht sogar eines, das nur ausgenutzt wird? Da gehen die Meinungen auseinander.

>»Gretchen verliert ihre guten jungfräulichen Eigenschaften, die sie anfangs von Goethe bekam.«

>»Gretchen stellt die verkommene Unschuld in Person dar.«

»Gretchen kann keine andere Haltung einnehmen, weil Goethe sie keine andere Haltung einnehmen lässt.«

»Die Frau, die nur als Lustobjekt gilt, wird eingewickelt, um den männlichen Trieb zu befriedigen.«

Auch die Interpretationen der Goethe-Tragödie **Iphigenie auf Tauris** können Schwierigkeiten bereiten, in diesem Fall der zwölften Klasse einer Gesamtschule in Wuppertal, Nordrhein-Westfalen.

Sie erinnern sich vielleicht: In diesem Schauspiel von Goethe aus dem Jahr 1787 geht es um ein Familiendrama rund um Götter, Priester, Orakel, Krieg – und natürlich menschliche Werte. Griechische Mythen dienten Goethe als Vorlage, kein Wunder also, dass sich Lügen, Missverständnisse und Sünden aneinanderreihen: Die tugendhafte Iphigenie soll geopfert werden, findet aber heimliche Rettung auf der Insel Tauris, wo sie vor Heimweh beinahe wahnsinnig wird – ihr Bruder Orest ist es schon.

Doch: Wer das Buch nicht gelesen, nicht verstanden hat oder sich den Inhalt einfach nicht merken kann, dem bleibt in einer Klausur nur reichlich Platz – für abenteuerliche Spekulationen.

»Ich denke, dass Iphigenie mit ihren Lügen auffliegen wird.«

»Pylades weist Iphigenie darauf hin, dass sie auch mal lügen soll, damit es besser läuft.«

»Nun steht Iphigenie unter Sorgen.«

»Um Zeit zu gewinnen, behauptet Iphigenie, sie müsse den vom Wahnsinn verfolgten Orest reinigen.«

»Iphigenie war ruhig, aber wenn es drauf ankam, war sie wirksam, sie war still, aber gleichgültig.«

»Der dritte Akt ist der Wendepunkt, wo sie ein Opfer findet, welches sagt, dass er Brudermord begangen hat, wo sich aber am Ende rausstellt, dass es ihr Bruder ist.«

»In Iphigenie handelt es sich auch um die Klassik, die sich in Griechenland abspielte.«

»Auch das Ende ist eine Katharsis, da sich durch Iphigenies Tod auf Tauris und Griechenland vieles ändert.«

Nun gut: Nichts bleibt, wie es ist. Alles ist im Fluss. Jedes Ende ist der Anfang von etwas Neuem – selbst wenn das Ende eine Katharsis ist. Und damit ist es noch nicht vorbei. Goethes Iphigenie inspiriert die Deutsch-Schüler zu immer wilderen Interpretationen:

>Nun kommt es zum erregenden Moment, als der König um Iphigenies Hand anhält.«

>Und nun komme ich zu meinen Vor- und Nachkenntnissen!«

>Der Humanismus bedeutet, sich geistlich zu entfalten.«

>Die Sprache und der Satzbau zeugen von einem hohen geistigen Niveau des Autors.«

Na, immerhin.

Doch woran liegt es, dass Schüler Sätze schreiben, die sie selbst nicht verstehen? »In der Mittelstufe haben wir nicht gelernt, richtige Aufsätze zu schreiben«, rechtfertigt sich Schüler Patrick, 18, in einem Hintergrundgespräch über versemmelte Prüfungen. »Unser Lehrer hat mit uns nur über die Lektüre geredet und höchst selten mal die Tafel benutzt. In einem Test zu Patrick Süskinds ›Das Parfum‹ sollte ich dann die ›Fluidaltheorie‹ beschreiben. Ich hatte keine Ahnung und versuchte, mich rauszureden.« Also schrieb Patrick: »Die Fluidiale Theorie ist eine Theorie, welche Grenouille hilft, seinen Parfümeur-Traum zu verwirklichen. Mit einem Belüftungsapparat wird das Parfum verteilt. Sie hilft Grenouille sehr!« Dafür kassierte er eine 5. Gleich in der nächsten Stunde ließ der Lehrer einen weiteren Überraschungstest zu diesem Roman schreiben, diesmal erhielt Patrick sogar eine 6. Er sagt: »Zum Glück konnte mich die Lehrerin in der Oberstufe wieder aufbauen. Jetzt steuere ich auf ein gutes Abitur zu.«

# Fack ju Schiller

Den zweiten Platz auf der Liste beliebter Autoren im Deutschunterricht hält **Friedrich Schiller**. **Kabale und Liebe**, **Die Räuber**, manchmal auch **Maria Stuart**, **Das Lied von der Glocke** und die **Ode an die Freude** – in der Oberstufe kommen die berühmtesten Werke deutscher Literatur unter die Räder. Schon die Frage nach der Autorenschaft ist nicht immer leicht zu klären. Ein Schüler wusste sogar zu berichten: »Man fand zwei Schädel von Schiller. Einer ist wahrscheinlich der echte.«

**Frage:** Wer schrieb das Drama »Kabale und Liebe«?
**Antwort:** »Philipp Reclam jun.«

*Klasse 10*

Zu Schillers **Kabale und Liebe** haben auch diese Schüler eines Deutsch-Leistungskurses, Klasse 12, interessante Ansichten. Ihre Aufgabe lautete: Interpretiere die Vergiftungsszene, in der sich Luise und Ferdinand aussprechen, nachdem sie erfahren hat, dass er sie vergiftet hat.

»Jemanden umzubringen ist generell falsch, aber jemanden wegen solch einem Grund umzubringen, ist einfach ebenfalls falsch.«

»Mit der Aussage, dass sich seine verlorene Ruhe in einem Bordell wiederfinden werde, bestätigt er vor Luise seine Liebe.«

»Anschließend eingängiger Analyse des Textes ist festzuhalten, dass diese Szene eine vom Spannungsverhältnis her gesehen sehr spannende, aber auch prägende ist.«

»Die Charaktere [in Kabale] weichen nicht davor zurück, auf physischer Ebene ihre Gefühle zum Ausdruck zu bringen.«

Ebenso brillant sind diese Auszüge aus den Interpretationen von **Maria Stuart**, Schillers Tragödie um die Königin von Schottland, einer elften Klasse:

»Maria befürchtet, als Feige zu gelten.«

Ja, bestimmt wäre es für die meisten Menschen wirklich schlimmer, ein Stück Obst zu sein als ein Feigling. Doch ob Maria daran dachte? Vermutlich nicht. Wahrscheinlicher ist: Hier dachte jemand nicht an die Groß- und Kleinschreibung.

> »Paulet beschuldigt Maria, schuld daran zu sein, dass weiterhin Menschen aufgrund ihrer Existenz sterben und sie sich damit ihr eigenes Grab schaufelt, indem sie hingerichtet wird.«

Okay, noch einmal ganz langsam: Maria wird (ohne Beweise) zum Tode verurteilt. So weit, so Schiller. Doch, liebe Schüler, wie kann jemand, der gegen seinen Willen hingerichtet wird, dadurch seinen eigenen Untergang herbeiführen?

> »Die Glücklichen sollen auch nach dem Drama ein wenig nüchtern sein oder so wie zum Beispiel die Sicheren besorgt und umgekehrt.«

> »Vor ihrer Hinrichtung spricht Maria die Gefühle der Menschen an, die solch vergleichbare Situation aus dem Alltag kennen.«

Maria Stuart wendet sich an ihre Mitmenschen, die ständig hingerichtet werden – und die Toten haben Gefühle. Wahnsinn. Können die auch übers Wasser gehen?

## »Das klassische Drama ist ein klassisches Stück.«

Punkt. Was bleibt da noch zu sagen? Och, diesen Schülern der zehnten Klasse eines Gymnasiums in Baden-Württemberg fällt in einer Klausur zu **Maria Stuart** noch so einiges ein:

> »Die Katholikin Maria Stuart wollte nach der Hinrichtung erhobenen Hauptes vor ihren katholischen Gott treten.«

Zuerst spricht Maria mit den Toten, und dann tritt sie – nachdem ihr mit einer Axt der Schädel abgetrennt wurde – »erhobenen Hauptes« vor Gott. Ein Wunder! Doch es geht noch weiter:

> »Elisabeth I. ist die Gewinnerin des Konflikts, denn Maria ist nach der Hinrichtung keine ›vollwertige‹ Frau mehr, sie ist eine Leiche.«
> (Kommentar der Lehrerin: »Was für ein Frauenbild!«)

> »Maria Stuart ist am Ende die Gewinnerin, denn das ewige Leben im Himmel dauert länger als ihr Leben auf der Erde.«

Ach, Maria. Und wenn sie nicht gestorben ist, dann lebt sie noch heute. Amen.

# Mehr Dichter als Denker

Den schwersten Stand im Deutschunterricht aber hat die Lyrik. Dieses schwierige Feld bleibt unverstanden bis verhasst, und entsprechend hanebüchen äußern sich Schüler in ihren Gedichtinterpretationen. Besonders die **Liebeslyrik** inspiriert die folgenden Oberstufen-Schüler zu sprachlichen Querschlägern. Männer kommen dabei übrigens nicht besonders gut weg, darunter auch Rainer Maria Rilke – der Dichter, von dem wir laut eines Deutsch-Aufsatzes »nicht wissen, ob er männlichen oder weiblichen Geschlechts ist«.

»Das lyrische Ich stellt für mich eine männliche Person dar, da er das gestrige Erlebnis nur auf den Sex reduziert hat und keinerlei Liebesgefühle von sich gibt, was eigentlich für das männliche Geschlecht üblich ist.«

»Das lyrische Ich hat wohl geträumt, dass es Teil eines Beischlafes war, welchen es genossen hat.«

»Das lyrische Ich ist das männliche Glied in der Beziehung.«

»Das Gedicht ist sachlich und gefühllos, so dass man sagen kann, dass es von einem Mann geschrieben wurde.«

»Sie könnten eine sexuelle Beziehung haben, um die Triebe des anderen zu stillen.«

»So etwas wie Affären gab es damals nicht!«

Das ist mal eine Ansage. Doch nicht alle Schüler mögen es kurz und knapp. Einige fühlen sich zu poetischen Schlussfolgerungen inspiriert, und zwar voller Sturm-, äh, Tatendrang:

**Aufgabe:** Einen Text der »Sturm und Drang«-Epoche auf typische Merkmale hin analysieren.
**Antwort:** »Liebe ist unumstritten eins der stärksten und schönsten Gefühle, doch es kann ebenso ein enorm scharf geschmiedetes zweischneidiges Schwert sein.«

Über ein Barockgedicht:
»Das Gedicht zeigt, dass der Tod vergänglich ist.«
*Klasse 10, Gymnasium*

## Brauchen wir überhaupt Interpretationen?

Naina, Schülerin aus Köln, beschwerte sich auf Twitter, dass sie Gedichte in vier Sprachen analysieren kann, aber wenig Alltagswissen hat. Ihr Tweet löste eine Diskussion über Sinn und Zweck von Schulinhalten aus, sogar Bildungsministerin Johanna Wanka schaltete sich ein. »Ich bin dafür, in der Schule stärker Alltagsfähigkeiten zu vermitteln«, teilte die Spitzenpolitikerin mit, »es bleibt aber wichtig, Gedichte zu lernen und zu interpretieren.« Ist das so? Und wenn ja, warum sind Interpretationen wichtig?

## Drei Fragen an Heinz-Peter Meidinger, Vorsitzender des Deutschen Philologenverbandes:

*Schüler wie Naina aus Köln wünschen sich, dass im Schulunterricht mehr Alltagswissen vermittelt wird. Sind Text-Interpretationen überflüssig?*

**Meidinger:** Texte zu verstehen, zu interpretieren und kritisch zu hinterfragen ist die vielleicht wichtigste Fähigkeit, um Dinge beurteilen zu können. Auch die PISA-Studie zeigt: Die Grundvoraussetzung für Bildung ist das Leseverständnis. Jemand, der Texte interpretieren kann, bekommt ein Verständnis für Geschichte, kann eigene Standpunkte entwickeln und sich in die Köpfe anderer Menschen hineinfühlen.

*Viele Lehrer klagen, dass Schüler Texte nicht mehr richtig lesen – und verstehen. Woran liegt das?*

**Meidinger:** Die heutige Schülergeneration ist nicht dümmer, auch nicht oberflächlicher oder materialistischer als frühere. Aber es gibt, auch durch neue Medien, inzwischen so viele Freizeitalternativen, dass viele junge Menschen sich keine Ruhe mehr nehmen für intensives Lesen. Einige kennen literarische Werke nur durch die Verfilmungen. Natürlich gibt es auch noch Jugendliche, vor allem Mädchen, die viel lesen. Aber es gibt auch Schüler, die während ihrer gesamten Schulzeit kein einziges Buch ganz gelesen haben.

*Und nun?*

**Meidinger:** Wir brauchen Pädagogen, Deutschlehrer und Eltern, die mit Begeisterung für Literatur Kinder zum Lesen motivieren. Wenn schon die Lehrer zeigen, dass die Schullektüre auch für sie nur eine lästige Pflicht ist, hat die Literatur keine Chance.

## Kurze Geschichten = kurze Gedanken?

Neben Dramen und Lyrik gehört auch Prosa in den Deutschunterricht. Beliebt sind Kurzgeschichten – auch weil sie so kurz sind. Die Chance, dass der Text von ein paar Schülern vor der Klausur gelesen wird, ist in diesem Fall verhältnismäßig hoch. Das gilt etwa für die Werke des Schriftstellers Wolfgang Borchert. Sie zählen zur Gattung der **Trümmer-**

**literatur**, die kurz nach dem Zweiten Weltkrieg begann. In Borcherts Kurzgeschichte **Die Küchenuhr** bleibt einem jungen Mann, der seine Eltern bei einem Bombenangriff verloren hat, nur ebendieser Einrichtungsgegenstand. Die genialen Geistesblitze einer zehnten Klasse zu Borcherts Text gleichen aber auch eher Ruinen, geistigen Ruinen:

> »Da dieser Text im Krieg spielt, kann das Leben schnell vorbei sein. Und nur noch kurz andauern.«

> »Da diese Kurzgeschichte im Krieg spielt, war der Bildungsstandard noch nicht so hoch wie heute.«

> »Er benutzt viel das Wort ›schön‹, weil ich denke, er möchte das alles eher positiv sehen und versucht, so zum Ausdruck zu bringen, dass er gar nicht so traurig ist.«

Die deutsche Nachkriegszeit ist auch Thema in Wolfgang Koeppens Roman **Tauben im Gras**. Dann geht es sicherlich irgendwie um die Bewältigung des Zweiten Weltkrieges, oder? Nur: Was soll die »Bewältigung der Gegenwartsbewältigung« sein? Das und vieles mehr wissen diese Abiturienten einer Gesamtschule wahrscheinlich auch nicht so genau.

> »Koeppen hat die Bewältigung der Gegenwartsbewältigung, so wie es noch heute der Fall ist, dass jeder Mensch eine Gegenwart bewältigt.«

»Koeppens Kernaussage des Romans ist die intensive Auseinandersetzung mit dem Krieg, womit er den Menschen ihren Neuanfang in der Nachkriegszeit kaputtmacht.«

»Die Männer mussten sich Arbeit suchen. Dies führte zur Armut.«

»Man konnte sich im Krieg nicht erholen.«

»›Tauben im Gras‹ ist für jeden gut leserlich und für Kriegsinteressierte sehr zum Vorteil. Ich denke, dass Kriege immer einen zentralen Punkt in unserem Leben spielen, da heutzutage viele unzufrieden sind und alles haben wollen, egal, was es sie kostet.«

»Der Roman ist keine zeitgemäße Lektüre im Jahre 2011 mehr, da wir in unserer heutigen Gesellschaft sehr weit von einem Krieg entfernt sind und Vereinbarungen darüber getroffen wurden, dass es nicht mehr zu einem Kriegsausbruch kommen wird, und man stattdessen auf anderem gewaltfreiem Wege einigt.«

Das klingt nicht nur idealistisch, sondern auch aufgeklärt. Schade nur, dass dieser Schüler einige Jahre später von der europäischen Realität wie dem Krieg in der Ukraine enttäuscht wird.

»Danach wird von der Trennung Deutschlands gesprochen und wie es durch Atomversuche dazu kam.«

»Es werden negative Dinge genannt, (...) wie das zweigeteilte Deutschland. Darüber freut sich niemand.«

Im Krieg kann man sich nicht erholen, und wer sich Arbeit sucht, wird arm? Oje. Deutschlehrer E. aus Nordrhein-Westfalen ist trotz Aussagen wie dieser überzeugt: Schülern mit Ratschlägen zu kommen, sei »wie am Nordpol Schnee zu schippen«. Besser als Belehrungen wirke ein Wechsel der Perspektive. Er notiert sich deshalb alle sprachlichen Querschläger, kommentiert sie ironisch und teilt die Zettel bei der Rückgabe der Klausuren mit aus. »Zufallskunst« nennt der Pädagoge die Sinnverdreher seiner Schüler, »die man sich bewusst kaum ausdenken kann«. Für die schlimmsten *Lowbrainer* sollen seine Schüler zukünftig einen Euro ins Blödsinn-Sparschwein werfen.

Ziemlich viel Geld würde auch in dieser zehnten Klasse einer Gesamtschule zusammenkommen, nachdem die Schüler in einer Klausur die Tragikomödie **Besuch der alten Dame** von **Friedrich Dürrenmatt** analysieren sollten. Darin kehrt die Milliardärin Claire – ehemals die arme Klara – in ihren Heimatort zurück, um sich an ihrer Jugendliebe Alfred Ill zu rächen, der sie im Stich gelassen hatte, als sie schwanger war.

»In dem Buch muss man nicht oft überlegen; die Fakten werden Dir sprichwörtlich in die Augen gehauen.«

»Ich glaube, sie hat rote Haare, weil sie Geld hat, weil rot für Geld steht.«

»..., weil sie ihn vor vielen Jahren geschwängert und verlassen hat!«

»Ill ist eher der Typ, der denkt, er könne jedes Mädchen um seinen Finger winkeln.«

»Doch als Ill sie nur verarscht hat, spürt sie [Claire] keine Liebe mehr.«

»Sie will ihm alles zurückzahlen, weil Ill sie alleine im Stich geschwängert gelassen hat.«

»Claire und Ill sind gar nicht so verschieden, da sie eine gemeinsame Vergangenheit hatten.«

»Claire wechselt jedes Mal ihre Männer, denn Männer gibt es überall. Sind sie langweilig, kauft man sich neue.«

»Man könnte sagen, dass sie herzlos und unfair ist. Herzlos und unfair ist sie auch!«

# »I mog die« – was Dialektik mit Dialekten zu tun hat

Wenn ein Gymnasiast den Autor von *Effi Briest* mit »Theodor von Tane« angibt oder Georg Büchners Protagonist Woyzeck »Warnvorstellungen« hat, liegt weniger ein Mangel an Analyse- oder Interpretationsfähigkeit vor. Manchmal verwechseln Schüler Wörter, mischen diese durcheinander – oder beherrschen die **Rechtschreibung** nicht. Das ist im Ergebnis traurig, hin und wieder jedoch sehr komisch.

Aus einer Klausur zu Patrick Süskinds *Das Parfüm*:
»Und er haarte sieben Jahre auf dem Berg aus.«
*Klasse 11*

Aus einer Interpretation von Schillers *Die Räuber*:
»Karl Moor kämpfte um Rum und Ehre.«

Aus einem Deutschaufsatz:
»Sie hatte große Schlafsäcke unter den Augen.«

Aus einem Aufsatz:
»Plötzlich wurde ihm weich zwischen den Beinen.«
*Klasse 8*

Aus einer Textanalyse:

»Der Text ist in drei große sinnliche Abschnitte unterteilt.«

*Klasse 10, Gymnasium*


Aus einer Inhaltsangabe zu Schillers *Der Handschuh*:

»Kunigund, eine der Edelfrauen, fällt ihr Handschuh herunter, in das Gemächt der Tiere.«

*Klasse 7*


Analyse von Goethes *Erlkönig*:

»Dem Vater grauset's – er reitet geschwind, er hält in den Armen das ätzende Kind.«

*Klasse 8*


Adjektive, Singularformen, Steigerungen? Hilfe! Spätestens bei **Rechtschreib- und Grammatikregeln** steigen viele Schüler komplett aus.


Aus der Deutsch-Abschlussprüfung einer Hauptschule:

**Aufgabe:** Bitte steigern Sie drei Adjektive Ihrer Wahl.

**Antwort:** Heute – Morgen – Übermorgen.


**Aufgabe:** Beuge das Wort »Hase«.

**Antwort:** Ich hase, du hast, er hast...

**Aufgabe:** Erkläre, was man unter einer dialektischen Erörterung versteht!

**Antwort:** Dialektische Erörterung ist, wenn der Verfasser Dialekte mit einfügt. Also andere Wortkürzungen. Wie zum Beispiel die Beyerische Sprache oder sächsisch. Zum Beispiel »I mog die.«

*Klasse 9*


**Aufgabe:** Bilde die dritte Person Singular aktiv von »kochen«!

**Antwort:** Sie ist am kochen.

*Klasse 6*


**Aufgabe:** Adjektive auf -bar werden von Verben abgeleitet, die den Akkusativ fordern. Beispiel: Man kann das Essen genießen, es ist genießbar. Bilde einen Beispielsatz mit dem Adjektiv, das vom Verb »trinken« abgeleitet wird.

**Antwort:** Mein Vater hat im Keller eine Trinkbar.

*Klasse 6*


**Aufgabe:** Formuliere eine Rechtschreibregel, die die Schreibung der folgenden Wörter deutlich macht: Dackel, Wecker, Mücke, lecken, wackeln.

**Antwort:** Der Dackel wackelt, den die Mücke leckt.

*Klasse 8, Gymnasium*

 *Richtig wäre gewesen: Nach einem kurzen Vokal folgt ein Doppelkonsonant beziehungsweise aus »kk« wird »ck«.*

Und, nicht zu vergessen:

> »Ein Merkmal der Kurzgeschichte ist der unvermittelbare Einstieg.«
>
> *Klasse 9*

Jugendliche können nicht mehr korrekt schreiben, sie verbringen mehr Zeit mit WhatsApp-Nachrichten als mit Schulbüchern – und früher war sowieso alles besser. Ja, so kann man nach der Lektüre des Kapitels denken. Andererseits: Genau deshalb gibt es ja Schulen – damit Schüler irgendwann besser schreiben können, mehr wissen und weniger Fehler machen. In diesem Sinne machen wir weiter: Auf zu hanebüchenen Irrtümern aus dem **Fremdsprachenunterricht**.

# »Dear Mum and Dead«:
## *Übel*setzungen aus Englisch, Französisch, Latein

Die meisten Schüler müssen sich mit drei Sprachen herumschlagen, manche sogar mit vier. Wie soll man die auseinanderhalten, wo es außerdem noch Mischformen wie Denglisch und Franglais gibt? Das gelingt in der Tat nicht jedem. Haben Schüler keine Lust auf Sprachen, weil es schlicht zu viele sind? Oder ist den Jugendlichen das stumpfe Vokabelbimsen einfach zu öde? Interessanterweise ist die Wurzel vieler *Übel*setzungen jedoch nicht unbedingt das mangelhafte Vokabellernen, denn oft darf sogar ein Wörterbuch benutzt werden. Vielmehr hapert es häufig schon an der Grundvoraussetzung, den Deutschkenntnissen: Wer nicht weiß, ob er nun unter »fiel« oder »viel« nachschlagen muss, hat ein Problem. Richtig witzig wird es aber, wenn raffinierte Sprachbilder in die andere Sprache übertragen werden: Die Redewendung »Da scheiden sich die Geister« gibt es nun mal nicht im Englischen, ebenso wenig wie eine wörtliche Entsprechung des Wortes »Kopfsalat«. Wer da anfängt, etwas von »head salad« zu murmeln, sorgt unfreiwillig für Lacher. Ganz schön gemein sind auch Mehrfachbedeutungen (es sei denn, man will tatsächlich »Teekesselchen« spielen). Ob mit »wild game« ein wildes Spiel oder das Wild gemeint ist, erklärt sich nämlich nur dem, der den Zusammenhang versteht. Und was die alten Sprachen betrifft, sind viele Schüler schnell mit ihrem Latein am Ende. Warum tun sie sich das überhaupt an? Quälen sie sich nur für ihr Curriculum Vitae, oder handeln sie nach der Devise »per aspera ad astra«? Ziemlich vertrackt ist es also, das Sprachenlernen. Zum Glück hat man dabei immer wieder mal was zu lachen.

## Lost in Translation

Wenn Schüler **übersetzen** sollen, lauern Missverständnisse in fast jedem Satz. Klingen »further news« nicht irgendwie nach Fürther Nachrichten? Oder Dinner wie Döner? Hat jemand vielleicht Lust auf Head Salad? No, senk ju.

> **Frage:** The mother of my grandmother is my ...?
> **Antwort:** o'clock-grandmother.
> *Klasse 5, Gymnasium*

> **Original:** I have no further news.
> **Übersetzung:** Ich hab nicht die Fürther Nachrichten.
> *Klasse 6, Nürnberg*

Ja, und wenn man so gar kein Gefühl für die englische Sprache hat, könnte auch diese Übersetzung hinkommen. Stimmt's, Else?

**Original:** I mustn't give this gadget to anyone else.
**Übersetzung:** Ich darf das niemandem geben, außer Else erlaubt es.

*Klasse 7, Realschule*

**Original:** In South Africa, 12% of the people carry HIV.
**Übersetzung:** In Südafrika bekommen 12% der Leute Hartz IV.

*Klasse 9, Realschule*

Aus einer Übung in Briefeschreiben auf Englisch:
»Dear Mum and Dead ...«

*Klasse 10, Wirtschaftsschule*

**Aufgabe:** Übersetze den Begriff »Kaufhaus« ins Englische.
**Antwort:** Karstadt.

Test im Musikunterricht: Wie heißt ein englischsprachiger Liedermacher?
**Antwort:** Sing-a-song-rider.

*Klasse 8, Gemeinschaftsschule*

Wer nun glaubt, dass sich vor allem die jüngeren Englisch-schüler mit der neuen Sprache schwertun, dem sei gesagt: No, no, no. In higheren classes wird es sometimes noch viel wilder – vor allem, wenn es um things geht, die Menschen together machen können:

> **Original:** I would be exposed to every madman in the city.
> **Übersetzung:** Ich würde mich jeder Dame der Stadt gegenüber schämen.
> *Klasse 12, Gymnasium*

> **Original:** Today traditional patterns have been turned upside down.
> **Übersetzung:** Heute haben sich normale Partner verkehrt herum gedreht.
> *Klasse 12*

> **Original:** He wanted to get rid of his girlfriend.
> **Übersetzung:** Er wollte von seiner Freundin geritten werden.

In diesem Oberstufenkurs hingegen sollte eigentlich über die Religionsfreiheit gesprochen werden:

> **Original:** Freedom of worship.
> **Übersetzung:** Die Freiheit des Kriegsschiffes.
> *Klasse 11, Gymnasium*

Und merke: Zu viel Arbeit kann sich negativ auf die Gesundheit auswirken. Aber ein bisschen mehr Vokabellernen würde diesen Schülern wohl nicht schaden:

Übersetzung aus einem Englisch-Übungsaufsatz:
»Wer zu viel arbeitet, bekommt vielleicht ein Down-Syndrom.«
*Klasse 12, Fachoberschule*

Oje, hoffentlich bekommt derjenige jetzt nicht auch noch brainstorming ...

Übersetzungsaufgabe in einer dezentralen Abschlussprüfung: Frage sie, ob sie Kopfweh hat.
**Antwort:** Do you have brainstorming?
*Klasse 9*

Kreatives Übersetzen üben Schüler jedoch nicht nur in schriftlichen Vokabeltests und Klausuren, auch im Unterricht scheuen sie keine Absurditäten, insbesondere, wenn es ums **Essen** geht:

**Lehrer:** What is your favourite meal?
**Schülerin:** Salad.

**Lehrer:** What kind of salad?
**Schülerin:** Head Salad.

*Klasse 8, Gymnasium*

**Original:** Mom says dinner is ready.
**Übersetzung:** Mama sagt, Döner ist fertig.

*Klasse 5, Grundschule*

Aus einem Test zu unregelmäßigen Verben:
**Original:** to broadcast.
**Übersetzung:** Brotkasten.

*Klasse 9, Realschule*
(Kommentar der Lehrerin: »Ich brotkaste, du brotkastest ... oder wie oder was?«)

**Original:** A dog came into the kitchen and stole an egg from the cook.
**Übersetzung:** Der Doc kam ins Kittchen ...

*Klasse 8, Gymnasium*

**Original:** He has a broken leg.
**Übersetzung:** Er hat einen Brokkoli gelegt.

*Klasse 6*

**Original:** The sun rises in the east.
**Übersetzung:** Der Sohn isst Reis im Osten.

*Berufsschule*

Sun, son, okay, das hört sich ähnlich an. Aber was ist hier verwechselt worden?

Und auch bei **Tieren** geht schnell mal etwas durcheinander.

**Aufgabe im Englischunterricht:** Write an essay about a country (Italy, Bulgaria, France ...).
Jede Stunde kommt ein anderer Schüler dran und trägt seinen Aufsatz über ein Land seiner Wahl vor. In der vierten Woche ist eine Schülerin an der Reihe, deren Thema die Türkei ist.
**Die Schülerin liest vor:** Turkey lives on a farm or in the zoo ...

**Aufgabe:** Explain the word »earthquake«.
**Antwort:** An earthquake is a little green animal that lives in the earth and makes »quak«.
*Klasse 9, Realschule*

Genau, quak macht das kleine, süße grüne Erdbeben, quak, quak, quak.

**Übersetzungsaufgabe:** Ich mag keine Mäuse. Ich mag Hamster.
**Antwort:** I mice a hamster.
*Klasse 9, Hauptschule*

Extrem kreativ wird es, wenn sich die Übersetzungen um **Geschichten oder Geschichtliches** drehen. Folgt man den Schülern, müssten viele Geschichtsbücher neu geschrieben werden: Europa lag sich beim Ersten Weltkrieg in den Armen, und der Adel trieb es besonders wild.

**Original:** You Are Going To Miss Me (Überschrift eines Textes über den Abschied von Ronald Reagan als US-Präsident)
**Übersetzung:** Sie werden zu Miss Me gehen.
*Klasse 9, Gymnasium*

**Original:** Germany declares War – All Europe in arms. (aus einem englischen Zeitungsartikel über den Ausbruch des Ersten Weltkriegs)

**Übersetzung:** Ja, Deutschland hat den Krieg erklärt – und ganz Europa lag sich darauf in den Armen.

**Original:** Waves of immigration
**Übersetzung:** Wellengang von Immigranten.
*Klasse 12*

**Original:** ... and they were hunting wild game.
(aus einem Roman über das Leben des Adels in England im 19. Jahrhundert)
**Übersetzung:** ... und sie trieben wilde Spiele.
*Klasse 12, Gymnasium*

**Original:** Three Nights later Old Major died peacefully in his sleep. His body was buried at the foot of the orchard.
**Übersetzung:** Drei Nächte später starb Old Major friedlich im Schlaf. Sein Körper war durchlöchert von den Früchten des Obstgartens.
*Klasse 12, Gymnasium*

**Original:** Robert Shaw whose book on bad parenting has taken the US by storm has an uncomfortable message.
**Übersetzung:** Robert Shaw, wessen ein Buch geschrieben hat, besuchte die USA bei schlechtem Wetter und hat eine schlechte Nachricht.
*Klasse 12, Fachoberschule*

# Englisch, made in Germany

Willkommen in der Denglisch-Abteilung: Im Deutschen gebräuchliche, aber nur **vermeintlich englische Begriffe** wie »Handy« oder »Chef« machen entweder gar keinen Sinn oder werden ziemlich schnell ziemlich peinlich. Und wenn es dann auch noch im Deutschen hakt – good night! Bei einer Hauptschulabschlussprüfung für Erwachsene sollte etwa der Satz »Er fiel ins Wasser« mit Hilfe eines Wörterbuchs ins Englische übersetzt werden. Die geniale Lösung: »He much in the water.« Viel hilft viel? Nein, offenbar nicht immer.

Aus einem Schüleraufsatz über berufspraktische »Schnuppertage«:
»Next week I will be sniffing.«
*Klasse 8, Realschule*

Aus einem Aufsatz zur Frage, ob Mario Barths Humor lustig ist:
»Even the ghosts would get divorced on Mario Barth's jokes.«
*Klasse 12, Leistungskurs Gymnasium*

Hier scheiden sich offenbar nicht nur die Geister, sondern trennt sich auch die Sprachen-Spreu vom Wissen-Weizen.

Aus einem englischen Text über Martin Luther King:
**Eine Schülerin übersetzt: König Martin Luther.**
*Klasse 10, Gymnasium*

**Vokabelabfrage** in einer zwölften Klasse: Nenne ein Synonym für »not clear and difficult to understand or see«.
**Antwort:** »Women.«

Gesucht war: »Obscure.«

**Original:** They have a carpet in their bedroom.
**Übersetzung:** In ihrem Schlafzimmer haben sie ein Autotier.
*Klasse 9, Realschule*

**Wörterbuch-Chaos – ein ehemaliger Hauptschullehrer aus Nordrhein-Westfalen erzählt:**
»In einer Englischarbeit schrieb ein Schüler einer achten Klasse folgenden Satz: ›Duisburg plaster zoo.‹ Ich rätselte und rätselte, was er damit gemeint haben könnte. Dass Schüler immer seltener Präpositionen

und Artikel verwenden, fällt mir schon länger auf. Doch auch ›In Duisburg plaster a zoo‹ machte keinen Sinn. Anstelle des ›plaster‹ hätte dort ›there is‹ stehen müssen – auf Deutsch ›gibt es‹ oder ›gibt's‹. Oder – wenn man seine Sprache gar nicht mehr beherrscht – eben ›gips‹, und tatsächlich lag hier die Lösung: Der deutsche ›Gips‹ wird im Wörterbuch mit ›plaster‹ übersetzt. Als ich den Schüler später darauf ansprach, gab er zu: Ja, er hatte unter ›Gips‹ nachgeschaut. Nur leider war ihm nicht zu vermitteln, dass ein Engländer das gar nicht verstehen könnte. Diese Übersetzung war aus Lehrersicht einfach nur als falsch zu werten – dafür konnte ich keine Punkte vergeben. Etwas anderes war es, wenn Schüler Fehler machten, die aber trotzdem verständlich und kreativ waren: Dafür habe ich dann immer die halbe Punktzahl vergeben.«

**Original:** Mein Vater ist reich.
**Übersetzung:** My father is Empire.
*Klasse 8, Hauptschule*

Die zehnte Klasse eines Gymnasiums sollte in einer Klausur die Frage beantworten, welche Vor- und Nachteile ein Führerschein mit 17 hat.

Eine Schülerin schrieb dazu: »They have to pay more steering wheels.«

Die Lehrerin reagierte amüsiert und erklärte dazu: »Die Schülerin wollte schreiben, dass junge Fahrer mehr Steuern bezahlen sollen. Sie wählte im Wörterbuch jedoch das (Auto-)Steuer anstatt die Steuern, also ›taxes‹.«

Und auch diese Lehrerin nahm die falsche Benutzung eines Wörterbuches mit Humor – nachdem sie den Fehler schließlich verstanden hatte. Die Pädagogin arbeitete als Deutschlehrerin in Großbritannien, und ihre englischen Schüler sollten auf Deutsch über sich und ihre Familie schreiben. Blöd nur, dass ein Wort mehrere Bedeutungen haben kann. So bekam die Lehrerin zu lesen: »Mein Vater ist geldstrafe, meine Mutter brunnen auch.« (My father is fine and my mother is well, too.)

> **Übersetzungsübung:** Many happy returns of the day.
> **Antwort 1:** Man ist glücklich, wenn man eine Tages-rückfahrkarte hat.
> **Antwort 2:** Man ist glücklich, wenn der Tag sich wiederholt.
> **Antwort 3:** Einige sind glücklich über die Rückfahrt am Tage.
> *Klasse 8*

 *»Many happy returns of the day« ist eine Gruß-formel und bedeutet: Alles Gute zum Geburtstag!*

# Französisch:
# Laissez-faire für Anfänger

Mit Französisch verbinden die meisten Schüler – und auch viele Erwachsene – eine Hassliebe: Sie würden es wahnsinnig gern sprechen und verstehen können – so eine schöne Sprache! –, wäre da nur nicht die Grammatik mit all ihren Ausnahmen und Sonderregeln. Und so stolpern die Schüler durch Accents und Nasalvokale – und landen dabei häufig ganz woanders.

**Eine Französischlehrerin erzählt:**

»In einer Klassenarbeit der 9. Klasse hatte ich folgende Aufgabe gestellt: Es ging um die Verwendung von il faut/il ne faut pas (man muss/man darf nicht), die Schüler sollten beschreiben, was man in bestimmten Situationen tun beziehungsweise lassen sollte.

Die Ausgangssituation lautete: Tu es amoureux/amoureuse d'une fille ou d'un garçon. Tu veux être son copain/sa copine. (Du bist in einen Jungen/ein Mädchen

verliebt. Du möchtest seine Freundin/ihr Freund sein.)
Eine Schülerin vollendete die Sätze:

›Il faut … téléphoner avec le garçon.‹ (Man muss mit dem Jungen telefonieren.)

›Il ne faut pas …. In der Liebe ist alles erlaubt!‹

Sie hat einen Kreativitätspunkt bekommen.«

**Aufgabe:** Beschrifte die einzelnen accents.

**Antwort:** Das ist der accent Cornflakes.

*Klasse 6*

 *Gemeint war hier der Accent circonflexe, der zum Beispiel in dem Wort »être« (sein) steht. Daneben gibt es noch den Accent aigu (wie in »élégant«) und den Accent grave (wie bei »planète«).*

**Übersetzungsaufgabe:** Ich ging zu meiner Freundin.

**Antwort:** J'alle dans ma copine.

Ups, das ging etwas daneben: Sicherlich wollte der Schüler nicht »Ich ging in meine Freundin« sagen.

# Der schöne Gallier: Frei übersetzt aus dem Lateinischen

Es ist schon hinterhältig, dass sich die lateinischen Wörter immer irgendwie bekannt anhören. Den Unterschied machen leider die Feinheiten. »Knapp daneben ist auch vorbei«, wie der Lateinlehrer sagt. So auch bei diesen Übersetzungsversuchen.

**Original:** Ave Caesar. Morituri te salutant.
(Heil dir, Caesar, die Todgeweihten grüßen Dich.)
**Übersetzung:** Gegrüßt seist du Caesar. Die Todgeweihten tanzen für dich.

*Klasse 7*


**Original:** Prima luce.
(Beim ersten Licht, bei Sonnenaufgang)
**Übersetzung:** Tolles Fenster.


**Original:** De Bello Gallico.
**Übersetzung:** Der schöne Gallier.

*Klasse 9*

Thema: Liebesgedichte von Ovid. Die Übersetzung sollte lauten: Siehe da, ich hebe es [das Gewand der Geliebten] mit meinen Fingern auf.

Übersetzung einer **Schülerin:** Siehe da, ich hebe beim Wasserlassen den Finger hoch.

*Klasse 10*

**Original:** Magistri vere molesti sunt.
(Lehrer sind wirklich lästig.)
**Übersetzung:** Lehrer sind wirklich Moslem.
*Klasse 7, Realschule*

**Original:** Postulo a te librum meum.
(Ich fordere von dir mein Buch zurück.)
**Übersetzung:** Das folgende von deinen Kindern ist meins.
*Klasse 5, Gymnasium*

**Original:** Ignarus linguae Latinae.

(Keine Ahnung von der lateinischen Sprache.)

**Übersetzung:** Zürne der lateinischen Sprache.

*Klasse 10, Gymnasium*

Ob fürs Große Latinum später im Studium, das Auslands-semester in Frankreich oder den Job in London – solide Sprachkenntnisse sind heute wichtiger denn je. Und wenn wir in diesem Kapitel etwas gelernt haben, dann Folgendes: Wer Sprachen lernen oder in seinem Alltag können muss, sollte sich definitiv nicht nur auf seine Intuition verlassen. Und auch nicht nur aufs Wörterbuch.

ADOLF HITLER, GRÜNDER DER DEUTSCHEN DEMOKRATISCHEN REPUBLIK
Das ganze Land wirrrd eingebunkerrrt!
H&B

# Als Hitler die DDR gründete: Debakel in Geschichte und Politik

Die Nazizeit hat den deutschen Geschichtsunterricht fest im Griff. »Bei uns wurde sie gefühlt etwa sechs Jahre lang unterrichtet«, sagt Schüler B. Warum das so ist? Die deutsche Katastrophe einzuordnen, ist wichtig für die eigene Identität. Aus dem Wissen über die Vergangenheit sollen idealerweise Erkenntnisse über die Gegenwart entstehen, deshalb werden immer wieder die finsteren Tyranneien der jüngeren europäischen Geschichte durchgenommen. So die Theorie. In der Realität bleiben leider nur historische Fetzen hängen, die Prüflinge in ihrer Verzweiflung derart verwegen kombinieren, dass Lehrern die Schamesröte ins Gesicht steigt. Leider reicht es nämlich nicht, sich einzelne Ereignisse oder Namen ungefähr zu merken – die Chronologie muss auch stimmen. In einigen Fällen müssen die Lehrer sogar noch weiter ausholen, so wie dieser Pädagoge, der uns von einer bizarren Situation in einer sechsten Klasse berichtete: »Ich wurde einmal beim Betrachten von alten Originalaufnahmen aus dem Zweiten Weltkrieg tatsächlich gefragt, ob früher wirklich alles schwarzweiß war.«

# »Das Mittelalter dauerte 18 Jahre«

Nein, auf der Welt war nicht immer alles so, wie es heute ist. In der Antike oder im Mittelalter etwa herrschten völlig andere Zustände, für Schüler kaum vorstellbar. Kein Wunder, dass ihre Darstellungen über die Zeit bis zum 15. Jahrhundert mitunter wirr klingen.

**Frage:** Wann wurde Rom gegründet?
**Antwort:** Rom wurde 753 von Christus gegründet.
*Klasse 6, Realschule*

»Cäsar war sehr gut in Rechtschreibung, sonst wäre er nicht Diktator auf Lebenszeit geworden.«
*Klasse 6, Realschule*

**Aufgabe:** Nenne drei Stilepochen.
**Antwort:** Ägypter, Römer, Imker.
*1. Lehrjahr, Berufsschule*

Aus einem Test zum Thema »Völkerwanderung«:
»Theoderich, der König der Postboten.«
*Klasse 6, Hauptschule*

**Frage:** Kennt jemand Pompeji?
**Antwort:** Ja, das war doch der mit dem Spinat.

*Klasse 6, Gymnasium*

Aus einem Geschichtstest:
»Die Hauptstadt im Alten Ägypten hieß
Meniskus.«

*Klasse 6*

*Hier war wahrscheinlich Memphis gemeint, die alt-
ägyptische Hauptstadt. Ihre Ruinen südlich von
Kairo sind Teil des UNESCO-Welterbes.*

»Das Mittelalter dauerte etwa 18 Jahre. Es begann im
Jahr vor Christus und endete so etwa um das Jahr
3019.«

*Klasse 8, Realschule*

*Knapp daneben. Als Mittelalter wird die Epoche
nach der griechisch-römischen Antike und vor der
Neuzeit bezeichnet. Das Mittelalter dauerte ungefähr von 500 bis 1500 nach Christus an.*

**Aufgabe:** Nenne die Gesellschaftsordnung des
Mittelalters.
**Antwort:** Mönche, Adler, Pfeffer.

*Klasse 8, Realschule*

Gemeint war Adel, Klerus, Bauern.

**Frage:** Welche Stände gab es im Mittelalter?

**Antwort:** Brotstände, Blumenstände, Gemüsestände.

*Klasse 7*

**Frage:** Was ist der Papst im Mittelalter?

**Antwort:** Der Vater aller Christen.

*Klasse 7*

»Das Leben auf einer Burg war hart. Sie konnten schlecht schlafen, weil sie immer durch die Schreie der Gefangenen aus dem Kerker geweckt wurden.«

*Klasse 8, Realschule*

(Kommentar der Lehrerin: Na, da habe ich meinen Schülern wohl die Lebensumstände etwas zu drastisch ausgemalt.)

# Freiheit, Gleichheit, Blödheit

Nach dem Mittelalter geht es in der Schule mit Riesenschritten durch die Jahrhunderte: Reformation, Französische Revolution, Napoleon, europäische Kaiser, der Erste Weltkrieg. Und je nach Vorlieben der Lehrer wird hier und da auch mal ein Kapitel ganz weggelassen. Kann man es bei dem Tempo den Schülern verdenken, dass sie nicht immer die wichtigen von den unwichtigen Informationen trennen können?

Sagenumwoben ist etwa der französische **König Ludwig XIV.** Als klassischer Vertreter des höfischen Absolutismus und als einer der am längsten herrschenden Monarchen der Geschichte – er wird schon als Kind König des Landes und bleibt es 72 Jahre lang – kommt kein Schüler um den »Sonnenkönig« herum. Absonderliche Details werden einfach hinzugedichtet:

> Aus einer Stegreifaufgabe zum französischen Absolutismus:
> »Ludwig XIV. regierte absolut. Er unterdrückte alle seine Organe.«
> *Klasse 11, Gymnasium*

 *Fieser geht's nicht: Einige Lehrer lassen überraschend kleine Prüfungen schreiben. In Bayern heißen unangekündigte Tests in der Oberstufe »Stegreifaufgaben«, manchmal werden sie auch hochtrabend »Extemporale« genannt oder harmloser: »Hausaufgabenüberprüfung«.*

**Frage:** Welche Machtstellung strebte Ludwig XIV. an?
**Antwort:** Er stürzte 1618 bis 1648 durch das Fenster.
*Klasse 8, Gesamtschule*

**Frage:** Wie heißt der Palast Ludwigs XIV.?
**Antwort:** Das unglaubliche Schloss.

*Klasse 8, Gesamtschule*

**Frage:** Wie hieß Ludwig mit Beinamen?
**Antwort:** Martin Joseph 14.

*Klasse 9*

**Frage:** Warum nannte man ihn den Sonnenkönig?
**Antwort:** Weil er so sonnig war!

*Klasse 9*

Bleiben wir im **Frankreich des 17. Jahrhunderts**. Die Gesellschaft schien damals ziemlich anrüchig gewesen zu sein:

**Frage:** Welche Stände gab es im absolutistischen Frankreich?
**Antwort:** In der französischen Ständergesellschaft gab es...

*Klasse 9, Realschule*

**Frage:** Wie nennt man die Fabriken, die Colbert eingeführt hatte?
**Antwort:** Rasierwassermanufucktur.

*Klasse 9, Gesamtschule*

*Jean Baptiste Colbert war im 17. Jahrhundert Finanzminister in Frankreich. Er stammte aus einer Tuchhändlerfamilie und sanierte den französischen Staatshaushalt. Seine Idee: Das Land sollte reich werden mit exklusiven Waren, die in heimischen Betrieben – Manufakturen – hergestellt wurden.*

Als hundert Jahre und zwei Bourbonen-Ludwigs später der feudalabsolutistische Ständestaat des *Ancien Régime* mit der **Französischen Revolution** abgeschafft wurde und sich die Ideen und Werte der Aufklärung verbreiteten, kam es zum totalen Chaos. Zumindest in den Köpfen der Schüler:

**Frage:** Wie lautet das Motto der Französischen Revolution?
**Antwort:** Liberté, Egalité, Brutalité.
*Klasse 12, Gymnasium*

**Frage:** Wie heißen die Schlagworte der Französischen Revolution?
**Antwort:** Freiheit, Gleichheit, Gesundheit.

**Aufgabe:** Stelle den Verlauf der Französischen Revolution dar.
**Antwort:** Das war alles so schlimm, dass selbst Gott den Glauben verlor.
*Klasse 8*

**Frage zur Französischen Revolution:** Wann fand der Große Terror statt?

**Antwort:** 11. September 2001.

*Klasse 12, Gymnasium*

Aus einer Klassenarbeit:

»Robespierre hat auch den Guillotin geköpft.«

*Klasse 8, Realschule*

 *Der Große Terror war die blutigste Phase der Französischen Revolution und fand 1793/1794 statt. Während der Schreckensherrschaft des sogenannten Wohlfahrtsausschusses wurden Tausende vermeintliche Revolutionsgegner durch die Guillotine exekutiert. Einer der führenden Politiker in dieser Zeit war Maximilien Robespierre; doch im Sommer 1794 richteten sich seine gnadenlosen Gesetze gegen ihn selbst, und auch er wurde zum Tode durch die Enthauptungsmaschine verurteilt.*

**Frage:** Napoleon erlitt 1813 in der Völkerschlacht bei Leipzig eine vernichtende Niederlage, und Frankreich musste 1814 kapitulieren. Was wurde aus Napoleon?

**Antwort:** Napoleon wurde auf der Insel Elba verbrannt.

*Klasse 8, Werkrealschule*

Aus einer Klassenarbeit:

»St. Helena war die Frau von Götz von Berlichingen und Waterloo war ihre Burg.«

*Klasse 8, Realschule*

Also, eins nach dem anderen: Napoleon wurde nach seinem Herrschaftsende 1814 des Landes verwiesen, er ging ins Exil auf die Insel Elba. Von dort kehrte er im Jahr 1815 nach Paris zurück, übernahm erneut die Herrschaft, verlor diese aber wenig später in seiner letzten Schlacht gegen die alliierten Truppen bei Waterloo. Danach wurde der berühmte französische Feldherr auf die Atlantikinsel St. Helena verbannt, wo er 1821 starb. Mit Götz von Berlichingen, der rund 300 Jahre früher lebte, hatte Napoleon jedoch nichts zu tun.

Thema »Deutsch-Französischer Krieg«:

**Frage:** Wie wirkte sich die deutsche Bündnispolitik auf Frankreich aus?

**Antwort:** Frankreich war allein und hatte sonst auch niemanden.

*Klasse 8, Realschule*

# Kaiserreich und Erster Weltkrieg

Wer war wann Kaiser – das wissen wahrscheinlich viele Lehrer selbst nicht so genau. Aber dass der Mord an Österreichs Thronfolger Franz Ferdinand in Sarajevo im Juni 1914 den Ersten Weltkrieg ausgelöst hat, sollten die meisten Schüler schon einmal gehört haben – wenn sie sich im Unterricht nicht extrem *ver*hört haben:

> **Frage in einer Klassenarbeit:** Wie fing der Erste Weltkrieg an?
> **Antwort 1:** Ein Österreicher tötete Sarajewos Tochter.
> **Antwort 2:** Durch den Tod von Sarajewo und seiner Frau.
> **Antwort 3:** Die Königerin und der Thronzeuge wurden umgebracht.
> **Antwort 4:** Es gab einen Mord. Sara Nevo, die Tochter des österreichischen Kaisers, wurde ermordet.
> **Antwort 5:** Äußerer Anlass: Die Sara Jevo.
>
> *alle Klasse 9, Realschule*

Oder auch:

**Antwort 6:** Hitler ließ Sarajewo töten.

**Antwort 7:** Sarajewo brachte im Juli 1914 den Herzog und seine Gemahlin, die Herzogin, um, und noch andere Leute.

**Frage:** Wer wurde im Jahr 1871 der erste deutsche Kaiser?

**Antwort:** Guido Westerwelle.

*Klasse 9, Realschule*

»Friedrich der Große war ein General im Ersten Weltkrieg.«

*Klasse 10, Gymnasium*

 *Friedrich der Große war im 18. Jahrhundert König von Preußen. Der »Alte Fritz« war der berühmteste deutsche König und wurde im Nationalsozialismus glorifiziert.*

Aus einer Klausur:

»Der Weltkrieg begann am 1. September mit dem Einmarsch in die USA.«

(Lehrerkommentar daneben: »Oje!«)

**Stegreifaufgabe:** Skizzieren Sie die territorialen Bestimmungen des Versailler Vertrages.

**Antwort:** Deutschland musste seine West- und Ostgrenze abgeben.

*Oberstufe, Gymnasium*

**Frage:** Was wurde aus Deutschland nach dem Ersten Weltkrieg?
**Antwort:** Arm. Kleiner.

*Klasse 9, Gesamtschule*

# »Hi, Hitler«

Fehlt noch das größte Thema des Fachs Geschichte: **Hitler und der Zweite Weltkrieg**. Je gewichtiger der Stoff, desto absurder klingt der Unsinn, den Schüler verzapfen. Was manche Jugendliche über die schrecklichste aller Phasen deutscher Geschichte mal locker aus dem Ärmel schütteln, tut wirklich weh.

Aus einer Klassenarbeit:
»Hitler kam 1933 an die Macht. Das nannte man den Hitlerpunsch.«

*Klasse 9, Realschule*

Antwort im Unterricht:
»Der Reiskanzler Adolf Hindenburg ernannte Paul Hitler aufgrund seiner Körperschwäche zum neuen Reiskanzler.«

*Klasse 8, Hauptschule*

**Frage:** Die Wiedereinführung der Wehrpflicht 1935, was war das?
**Antwort:** Das offene Buch von Versace.

Versace übertrumpft den Versailler Vertrag, das Buch schlägt den Bruch. Autsch!

**Frage:** Was machte Hitler 1938?
**Antwort:** Er sah aus dem Fenster und begann Gurken zu pflanzen.

*Klasse 9, Realschule*

Aus einer Klassenarbeit:
»Die Menschen in Deutschland begrüßten sich damals immer mit ›Hi, Hitler!‹«

*Klasse 9, Hauptschule*

Thema »Kennzeichnung der Juden«:
»Juden mussten in der DDR den Judenstern tragen.«

*Klasse 10 Realschule*

Manchmal überlagern Namen aus der Gegenwart die mühsam gespeicherten Daten aus der Historie. In müden

Schülerköpfen haben dann spätere TV-Moderatoren und Fußballer etwas mit **Widerstandskämpfern** aus dem Dritten Reich zu tun:

**Aufgabe:** Zähle Widerstandsgruppen oder Widerständler im Dritten Reich auf.
**Antwort:** Die Geschwister Goebbels und die NSDAP waren Widerstandsgruppen im Dritten Reich.

*Klasse 9, Realschule*

 *Die Münchener Geschwister Hans und Sophie Scholl kämpften mit Flugblättern und anderen Aktionen gegen das Naziregime und deren Partei, die NSDAP. Ihre Widerstandsgruppe »Weiße Rose« wurde zum Symbol des bürgerlichen Widerstandes gegen das NS-Regime.*

Aus einer Klassenarbeit:
Frank Elsner war ein Widerstandskämpfer gegen Hitler.

*Klasse 10, Realschule*

**Aufgabe:** Nenne Mitglieder des Widerstands gegen die Nationalsozialisten.
**Antwort:** Sophie und Mehmet Scholl.

*Klasse 8, Hauptschule*

**Aufgabe:** Erläutere, inwiefern im Nationalsozialismus Widerstand geleistet wurde.

**Antwort:** Es gab Demonstrationen, Montagsdemonstrationen, die Gebrüder Grimm veranlassten dies.

*Berufsfachschule*

Aus einer Klassenarbeit:

»Das Attentat passierte in Staufenberg.«

*Klasse 10, Realschule*

 *Claus Schenk Graf von Stauffenberg verübte am 20. Juli 1944 im ostpreußischen Führerhauptquartier Wolfsschanze ein Attentat auf Hitler. Der Diktator wurde jedoch nur leicht verletzt.*

**Frage:** Was war der Auslöser des Zweiten Weltkriegs?

**Antwort:** Das war der Angriff der Chinesen auf Pearl Harbour.

*Klasse 9, Realschule*

**Frage:** Weshalb sind die USA in den Zweiten Weltkrieg eingetreten?

**Antwort:** Japan hatt Perlharper angegrifen. Dann kassierte Japan von USA. Die schickten sogar noch ein Atombomb auf Fukushima.«

*Klasse 9, Realschule, Schweiz*

Auwei, da ging wohl einiges durcheinander – selbst wenn man die Rechtschreibfehler abzieht.

> »Die Ergebnisse der Wannsee-Konferenz lassen darauf schließen, dass Heinrich Himmler wahrscheinlich rechtsradikal war.«
>
> *Oberstufe*

Wahrscheinlich. Doch wie ging es **nach Kriegsende** weiter? Wie starb Hitler?

> »Am 30.4.1945 erschoss sich Hitler dann in seinem Führerhaus.«
>
> *Klasse 12, Gymnasium*

Aus einer Klassenarbeit:
> »1945 wurde Deutschland in vier Bestattungszonen aufgeteilt.«
>
> *Klasse 10, Realschule*

> »1945 hat Adenauer Stalin-Staaten gegründet.«
>
> *Leistungskurs Klasse 13, Gymnasium*

> **Aufgabe:** Nenne die vier Besatzungszonen Berlins.
> **Antwort:** Bulgarische Besatzungszone, Britannische und DDR Zone.
>
> *Klasse 10*

**Frage:** Womit beschäftigt sich der Marshall-Plan?

**Antwort:** Mit dem Plan, auf dem Mars eine Halle zu bauen.

*Klasse 10, Realschule*

 *Der Marshall-Plan war ein milliardenschweres Programm der USA, mit dem Staaten in Westeuropa nach dem Zweiten Weltkrieg wirtschaftlich wieder aufgebaut werden sollten.*

# Als Honecker die D-Mark einführen ließ

DDR, Mauerbau, Kalter Krieg – und dann noch der Mauerfall. Wer nichts von alldem selbst erlebt oder mitbekommen hat, kann sich vermutlich gar nicht vorstellen, wie das Leben in **Deutschland zwischen 1949 und 1990** aussah. Doch dafür gibt es ja Bücher. Und Geschichtslehrer. Und Filme. Und das Internet. Sollte man meinen.

**Frage:** Wer gründete wann die DDR?

**Antwort:** Adolf Hitler, 1989

*Klasse 10*

**Frage** in einer mündlichen Präsentationsprüfung:
Wie hieß die Hauptstadt der ehemaligen DDR?
**Antwort:** Köln ... oder Preußen?

*Klasse 10*

**Frage:** Beschreiben Sie die geografische Lage der Oder-Neiße-Grenze.
**Antwort:** Der Eiserne Vorhang zwischen dem Ost- und Westblock in den USA.

*Jahrgangsstufe 13*

 *Nach dem Ende des Zweiten Weltkriegs wurde die künftige Staatsgrenze zwischen Deutschland und Polen festgelegt, sie verläuft überwiegend entlang der Flüsse Oder und Lausitzer Neiße – daher auch der Name: Oder-Neiße-Grenze.*

Schülerfrage im Unterricht:
»Ist Ära der Vor- oder Nachname von Honecker?«

*Klasse 11*

»Als Honecker die D-Mark einführen ließ ...«

*Sozial- und Rechtskunde, Sozialassistentenausbildung*

**Frage:** Warum wurde die Berliner Mauer gebaut?
**Antwort:** Weil die im Osten so traurig waren, also haben sie eine Klagemauer errichtet.

**Frage:** Woher kommt der Ausdruck »Kalter Krieg«?

**Antwort:** Weil der Kalte Krieg im Winter ausgefochten wurde.

*Klasse 11, Gymnasium*

Thema DDR:
»Franz Kranz versuchte, die SED an der Macht zu erhalten.«

*Sozial- und Rechtskunde, Sozialassistentenausbildung*

Vermutlich war hier Egon Krenz gemeint. Und Helmut Kohl, der hatte doch auch was mit dieser Mauer, äh, Wand zu tun, oder??

**Frage:** Warum wird Helmut Kohl manchmal der »Wende-Kanzler« genannt?
**Antwort:** Weil die Berliner Mauer auch manchmal Berliner Wand genannt wird und der Plural von Wand ist Wende.

*Klasse 11, Deutsche Schule in England*

Schülerfrage:
»Hat die DDR auch den Euro?«

**Aus dem Alltag einer Lehrerin:**

Gymnasium, Abiturjahrgang, eine Lehrerin erzählt:
»Im Spanischunterricht war die Diktatur Pinochets in
Chile Thema. Da die Schüler nicht in der Lage waren,
eine Definition des Begriffes ›Diktatur‹ zu geben, wollte
ich ihnen mit folgendem Impuls helfen: ›Denken Sie an
das, was Sie über die Diktaturen in Deutschland wissen!‹ Betretenes Schweigen. Neuer Impuls meinerseits:
›Im letzten Jahrhundert gab es in Deutschland zwei
Diktaturen.‹ Darauf kam endlich etwas von Schüler-
seite: ›Hitler und Helmut Kohl?‹«

Namen und Definitionen werden jedoch offenbar gern
durcheinandergewirbelt:

**Aufgabe:** Erläutern Sie den Begriff »Diktatur«.
**Antwort:** In einer Diktatur wird der Diktator auf
6 Jahre vom Volk gewählt.
*Klasse 11*

Schülerin im Geschichtsunterricht über Konrad
Adenauer:
»Krass, der heißt ja wie die Brücke von Mannheim
nach Ludwigshafen.«
*Klasse 9, Realschule*

# Die Gedanken sind frei

Irgendwann in der Mittelstufe gelangen Schüler beim heutigen politischen System Deutschlands an. Die **Bundesrepublik** kann Thema sein im Geschichtsunterricht, aber auch in einem Fach, das wahlweise Sozialkunde, Gemeinschaftskunde oder Politik/Wirtschaft/Gesellschaft heißt. Es geht dann um Wahlen, Parteien und darum, wie Gesetze zustande kommen.

**Frage:** Wann trat das Grundgesetz in Kraft?
**Antwort:** In der Zeit der alten Ägypter.
*Klasse 9*

**Aufgabe:** Erläutere den Begriff »Föderalismus«.
**Antwort:** Föderalismus ist, wenn viele Rohstoffe gefördert werden. Deshalb ist auch Russland föderalistisch, weil es viel Gas und Öl fördert.
*Klasse 9, Gymnasium*

Thema demokratische Grundrechte:
»Unsere Demokratie ist streitbar, weil im Grundgesetz die Grundrechte eingeschränkt werden können.«

Äh, nein. Das Grundgesetz definiert die Grundrechte; werden diese verletzt, kann das Bundesverfassungsgericht eingeschaltet werden. Es ist aber auch schlimm mit dem Juristendeutsch, es steckt voller fieser Fremdwörter.

> Aus einer Klausur über die Rolle des Bundespräsidenten:
> »In der Bundesrepublik hat der Bundespräsident nur präservative Funktionen.«

> »Die Bundesrepublik Deutschland ist ein ansehnlicher Staat, der das Interesse des Volkes wahrnimmt und legitim vertritt.«
> *Sozial- und Rechtskunde, Sozialassistentenausbildung*

Ansehnlich, wenigstens das. Aber wie war das noch einmal mit der **Gewaltenteilung** ...?

> **Frage:** Welche sind die drei Gewalten in einer Demokratie, und weshalb gibt es sie?
> **Antwort:** Körperverletzung, versuchter Mord, Mord. Für jede Gewalt braucht man eine andere Bestrafung!
> *Klasse 8, Realschule*

> **Frage** zu Montesquieus Gewaltenteilung: Welche Gewalten kennst du?
> **Antwort:** physische Gewalt, körperliche Gewalt, psychische Gewalt.
> *Klasse 8*

**Aufgabe:** Erkläre die Begriffe Legislative, Exekutive und Judikative.

**Antwort:** Judikative ist Gewalt gegen Juden.

*Klasse 11, Berufsfachschule für Hauswirtschaft*

**Frage:** Wie heißen die drei Gewalten in der deutschen Demokratie?

**Antwort:** Legislative, Exekutive, Präservative.

*Klasse 8, Hauptschule*

Die Gewaltenteilung soll verhindern, dass politische Macht in einem Staat missbraucht werden kann. So werden die Bereiche der gesetzgebenden Gewalt (Legislative), der ausführenden Gewalt (Exekutive) und der rechtsprechenden Gewalt (Judikative) klar voneinander getrennt und sollen sich gegenseitig kontrollieren. Der französische Staatstheoretiker Montesquieu entwickelte die Lehre zu Zeiten der Aufklärung, sie ging zunächst in die Verfassung der USA ein und wurde im 20. Jahrhundert auch im deutschen Grundgesetz festgelegt.

# Die Abgedrehten im Bundestag

Alle vier Jahre wird deutschlandweit gewählt. Nur: Wen, wie und warum? Und was passiert nach den **Wahlen** in diesem **Bundestag** – oder ist das womöglich nur ein Tag im Jahr? Hilfe!

Aus einer Klausur:
»Der Bundestag verabschiedete das Gesetz und machte ein neues.«
*Klasse 12*

Tschüs, liebes Gesetz, komm bald wieder!

**Frage:** Erkläre, was man unter einer Fraktion versteht.
**Antwort:** Eine Fraktion ist der Zusammenschluss der Abgedrehten einer Partei.
*Klasse 8, Hauptschule*

Thema Abgeordnete:
»Delegierte sind finanziell abgerichtete Männer.«
*Klasse 9, Realschule*

**Aufgabe:** Nennen Sie Gründe, weshalb es zu einem Mitgliederschwund in den Parteien kommt.

**Antwort:** Ich als junge Frau möchte nicht alleine in einer Partei sein, in der nur alte Männer Mitglied sind; da habe ich Angst.

*Klasse 12*

**Aufgabe:** Erläutern Sie, wie ein Mitgliederschwund in den Parteien aufzuhalten ist.

**Antwort:** Man könnte zum Beispiel McDonald's-Gutscheine an Parteimitglieder verteilen, verbilligter Eintritt im Kino oder bei Werder.

*Klasse 12*

Aus einer Klassenarbeit über Protestwähler:

»Es gibt keinen Unterschied zwischen Nichtwählern und Protestanten.«

*Klasse 8*

Und zum Abschluss noch ein paar Schmankerl … Ein Lehrer für Sozial- und Rechtskunde an einer Berufsschule für angehende Sozialassistenten hat seine **Wahl-Highlights** aus Klausuren der Jahrgangsstufen 11 und 12 gesammelt:

»Parteien müssen rechtswidrig sein.«

»Ich wähle direkt eine Partei od. Bürgermeister und habe keine Wahlmänner.«

»Wähler und Gewählte kommen sich in den Wahlen näher.«

»Verhältniswahl ist ein Wahlverhalten, in dem Parteien gewählt werden.«

»Wer nicht wählen geht, gibt somit automatisch seine Stimme an Parteien, die nicht ins Parlament gehören. Denn diese Stimmen werden dann aufgeteilt auf die anderen Parteien.«

»Regieren wird die SPD zusammen mit den Grünen, das heißt es gibt eine rot-grüne Partei.«

Eine rot-grüne Koalition wird kurzerhand zu einer rot-grünen Partei; Stimmen von Nichtwählern werden plötzlich nicht nur gezählt, sondern auch an kleine Parteien verteilt, und generell: Parteien sind nicht gesetzeskonform. Soso.

## »Karl Marx feierte ein Manifest«

Im Geschichts- und Politikunterricht werden alle möglichen Themen gestreift. Einerseits ist das gut, weil es das Allgemeinwissen stärkt. Andererseits: Der Lehrer muss schmerzlich feststellen, welche Wissenslücken seine Schüler sonst noch so haben. Eine **Kuriositätensammlung**:

> Thema: Der Konflikt zwischen Israel und den Palästinensern im Gazastreifen.
> **Schülerin:** Wie hieß noch mal der Klebestreifen?

> »Es besteht die Gefahr eines weltweiten Abrüstens.«
> *Grundkurs Oberstufe*

> **Frage:** Was regelt der Paragraph 218?
> **Antwort:** Er verpflichtet alle Frauen in Deutschland, die Pille zu nehmen.
> *Klasse 10, Realschule*

 *Laut Paragraph 218 des Strafgesetzbuches machen sich Frauen, die eine Schwangerschaft abbrechen, strafbar. Allerdings gibt es Zusatzparagraphen, die festlegen, unter welchen Bedingungen eine Abtreibung straffrei beziehungsweise nicht rechtswidrig ist.*

> **Aufgabe:** Nennen Sie Leistungen der Arbeitslosenversicherung.
> **Antwort:** Putzarbeitergeld.

Vielleicht keine schlechte Idee. Damit könnten Frauen dann endgültig auch ihr früheres Dasein als Haushaltsgerät hinter sich lassen:

**Aufgabe:** Beschreibe die Rolle der Frau im 18. Jahrhundert.

**Antwort:** Frauen waren quasi Staubsauger.

*Klasse 11, Gymnasium*

**Frage:** Welche Zusatzversorgung wird empfohlen?

**Antwort:** Die Priesterrente.

Oder auch aus einer Klausur der Berufsfachschule für Sozialassistenten:

»Karl Marx –> Reichsversicherungskanzler –> gegen Kinderarbeit.«

Um **Karl Marx** ranken sich noch weitere Gerüchte:

»Karl Marx erfand die Dampfmaschine, anschließend feierte er ein Manifest.«

**Frage:** Marx und XY schrieben das kommunistische Manifest. Wie heißt der berühmte Mitstreiter von Marx?

**Antwort:** Moritz?

**Aufgabe:** Erläutere den Begriff »worksongs«!

**Antwort:** Das sind Lieder, die die Eltern bei der Arbeit hören, zum Beispiel Helene Fischer.

*Klasse 8*

 *»Worksongs« werden Lieder genannt, die die amerikanischen Sklaven seit dem 17. Jahrhundert bei der Arbeit auf den Baumwollplantagen sangen.*

**Frage:** Wie ging der Spanische Bürgerkrieg aus?
**Antwort:** 3:1

*Klasse 9, Realschule*

**Frage:** Wie hieß der Diktator Spaniens?
**Antwort:** Stalingrad.

*Klasse 11*

**Frage:** Auf welcher Seite stand die USPD?
**Antwort:** Auf Seite 67.

**Aufgabe:** Erkläre den Ausdruck »Biedermeier-Zeit«.
**Antwort:** Biedermeier war ein berühmter Maler, der sehr langweilige Bilder malte.

*Klasse 8, Wirtschaftsschule*

Besser spekulieren, als gar nichts hinzuschreiben oder zu sagen – das ist das Prinzip vieler Schüler im Geschichtsunterricht. Doch nicht nur dort. Wenn die Prüfung nicht läuft, wird der Kopf manchmal ganz leer.

# Hürden im Schulalltag: Von Blackouts und Schlafmangel

Seinen schlimmsten Blackout hatte Karl in einer Mathe-Klausur – und das, obwohl das Fach vorher nie ein Problem für ihn gewesen war. »Es ging um binomische Formeln – die waren ein Klacks. Ich war es gewohnt, die Aufgaben zu lesen und ohne großes Knobeln den Lösungsweg zu kennen«, erzählt der Schüler aus Hamburg. Doch dieses Mal schaute Karl auf das Blatt, und es kam: nichts. Das Hirn, das bisher immer so zuverlässig reagiert hatte, war einfach nicht ansprechbar. »Es war, als hätte ich noch nie zuvor von binomischen Formeln gehört. Ich war völlig handlungsunfähig«, sagt Karl.

Der Blackout ist ein Trick des Gehirns, den es in Notfallsituationen anwendet. Dieser Mechanismus schützte unsere Vorfahren bei Gefahr und machte sie leistungsfähiger, wenn sie etwa vor einem gefährlichen Tier flüchten mussten. Heute müssen wir nicht mehr so oft wegrennen – die chemischen Vorgänge in unserem Körper in Stresssituationen sind aber die gleichen geblieben. Wird etwas als bedrohlich erlebt – zum Beispiel eine Prüfung –, werden in der Nebennierenrinde große Mengen von Adrenalin und vom Stresshormon Kortisol ausgeschüttet. Letzteres stellt sicher, dass die Muskeln viel Energie bekommen, wir schalten also in eine Art Fluchtmodus. Das Hormon wirkt auch auf den Hippocampus im Gehirn – das ist einer der Bereiche, die wir zum Abspeichern von Informationen brauchen. So ist es dank des Stresshormons nun plötzlich fit, was zunächst gut ist. Steigt der Hormonpegel allerdings zu stark an, können Hirnzellen geschädigt werden oder gar absterben. Und jetzt kommt das Dumme für alle stressgeplagten Schüler: Um eine Zellschädigung zu verhindern, geht der Hippocampus bei zu viel Kortisol einfach offline. Schwups, Stecker raus, die Nervenzellen reagieren nicht, keine Information wird mehr weitergeleitet. Der Schüler hat einen Filmriss (könnte aber so schnell weglaufen wie noch nie). Die gute Nachricht ist: Das Gelernte ist nicht völlig gelöscht, nur die Nervenbahnen sind gesperrt, die das Wissen abrufen könnten. Was man dagegen tun kann, steht im Kasten »Tipps gegen Blackout«.

Allerdings: Wohldosierter Stress schadet nicht – im Gegenteil. Ein bisschen Lampenfieber erhöht sogar die Leistungsfähigkeit, man wird wacher und aufmerksamer, Konzentration und Reaktionsvermögen verbessern sich. Deshalb können Schüler in Prüfungen auch besonders kreativ werden: Ihr Gehirn arbeitet auf Hochtouren, ist schlagfertig und einfallsreich.

»Ich habe einen Blackout« ist eine gern bemühte Ausrede, wenn mal wieder nicht gelernt wurde. Ob Pädagogen darauf eingehen, bleibt ihnen selbst überlassen. In Karls Fall hatte seine Mathe-Lehrerin Nachsicht. Weil sie wusste, dass er den Stoff eigentlich beherrschte, wurde die Arbeit nicht gewertet.

**Bitte lächeln: Tipps gegen Blackout**

- Die **Vorbereitung** auf eine Prüfung muss stimmen, der Zeitplan realistisch sein. Ausreichend Schlaf und Sport zwischen den Lernphasen sind wichtig.

- Mit **Eselsbrücken** merkt man sich auch schwierigen Stoff irgendwann. Die Merksätze müssen keinen Sinn ergeben, sie sollen nur einprägsam sein: Hinter dem Nonsens-Spruch »WirGlie-WeiSta-WürHo-SchwUr« etwa verbergen sich die verschiedenen Tierstämme aus der Biologie.

- Leistungssportler stellen sich beim **Mentaltraining** ihre Wettkämpfe genau vor. Für Schüler heißt das: sich überlegen, wo man in der Prüfung sitzt, wie der Lehrer den Raum betritt, wie die Aufgabenblätter verteilt werden. Man kann sich auch einen Blackout vorstellen und wie man ihn wieder weglächelt.

- Am Prüfungstag hilft **Autosuggestion**. Negative Gedanken sind die Ursache für Stress und Blackout, also positiv denken: »Ich kann das, ich kann das, ich kann das. Ich geb einfach mein Bestes, mehr kann ich nicht tun. Ich kann das.«

- Hat sich der Hippocampus dann doch ausgeknipst: **Lächeln!** Mindestens eine Minute lang. In unseren Wangen sitzen Nervenzentren, die bei einem richtig breiten Grinsen dem Hirn signalisieren können, Freude-Hormone auszuschütten. Das senkt den Stress- und Kortisol-Spiegel.

- Unmittelbar vor der Prüfung helfen **Witze**, die Stresshormone unten zu halten. Die Lieblingswitze aufschreiben oder in diesem Buch hier lesen – alles ist besser, als in Panik noch mal den Stoff zu überfliegen. Oder man schaut sich **Bilder** an, die einen glücklich machen – vom Lover, Urlaub oder Katzenbaby.

## Warum ein früher Schulbeginn für Jugendliche Folter ist

Wer als Lehrer um acht Uhr morgens vor einer zehnten Klasse steht, kann sich sicher sein: Die meisten der Schüler haben zwar die Augen auf, können aber gar nichts aufnehmen, geschweige denn lernen oder gar abrufen. Weil sie noch gar nicht wach sein *können* – und zwar aus rein biologischen Gründen: Ab dem zwölften Lebensjahr, also mit Beginn der Pubertät, verändert sich die innere Uhr, und die natürliche Einschlafzeit verschiebt sich immer weiter nach hinten: Während kleine Kinder und Grundschüler meist früh schlafen und früh aufstehen möchten – die Schlafforschung nennt diesen Schlaftyp »Lerche« –, zählen Jugendliche meist zu den »Eulen«: mit dem bevorzugten Rhythmus schlafen nach Mitternacht und aufstehen nach acht Uhr. Erst mit ungefähr 30 Jahren verschieben sich die Schlafgewohnheiten wieder etwas nach vorne.

Vor Mitternacht sind Teenager selten müde genug, um zu schlafen. Selbst wenn alle Fernseher und Handys und Bücher aus den Jugendzimmern verbannt würden: Gegen die Biologie kann man kaum etwas machen. Gleichzeitig brauchen Jugendliche viel Schlaf, ungefähr neun Stunden pro Nacht. Und es ist weder gesund noch förderlich, ständig gegen den eigenen Biorhythmus anzuleben. Dass jemand, der wenig schläft, leistungsfähiger ist, ist ein modernes Märchen. Das Gegenteil ist der Fall: Wenn eine »Eule« früh aufstehen muss, sitzt sie nur völlig übermüdet in den ersten Stunden, ihre volle Konzentrationsfähigkeit erreicht sie ohnehin erst am späten Vormittag.

Viele Hirn- und Schlafforscher plädieren deshalb dafür, erst um neun oder gar um zehn Uhr mit dem Unterricht zu beginnen. In Deutschland startet die Schule in der Regel um acht Uhr, in manchen Bundesländern sogar noch früher. Haben Schüler dann noch einen langen Anfahrtsweg und müssen deshalb zum Beispiel bereits um sechs Uhr aufstehen, könnte die tägliche Qual am Morgen kaum größer sein.

Das Problem ist inzwischen weltweit bekannt, viele Länder haben sogar schon darauf reagiert: So beginnt die Schule zum Beispiel in England, Frankreich, Spanien und Finnland später als bei uns, sagt Schlafforscher Christian Cajochen in einem SPIEGEL-Interview. Auch in den USA geht der Trend zu einem späteren Schulstart am Morgen – mit positiven Ergebnissen, wie Studien zeigen: Selbst wenn Schüler nur eine halbe Stunde länger schlafen können, sind sie psychisch besser drauf und erzielen in der Schule bessere Noten.

# »Jesus war ein Mehrtürer«: Religiöse Verwirrungen

Wie erklärt man Dinge, die man nicht erklären kann? Die Religion ist eine herrliche Fundgrube für Lachnummern und Kalauer, denn ihre Inhalte sind per se Glaubenssache. Schon die Lehrer können ihre Theorien kaum beweisen – die Schüler aber reimen sich ungeniert die krudesten Thesen zusammen, ohne sie je begründen zu müssen. Spielt sich die biblische Schöpfungsgeschichte nicht ohnehin im Reich der Phantasie und der Symbole ab? Transzendenz statt Fakten – und wenn alle fest genug dran glauben, wird's vielleicht noch wahr. Dann lag das Jesuskind schon mal mit einer Grippe im Stall, dann nagelte Luther seine 95 Prothesen an das Tor, und die Bibel wurde von Gott persönlich geschrieben. Doch nicht nur Details verändern sich im Äther des Religionsunterrichts, auch die großen Antworten werden in Frage gestellt: »Schade, dass Jesus Christoph gar nicht mehr mitkriegt, dass wir Weihnachten feiern«, heißt es dann in einer ersten Klasse. Und wenn es erst um den Islam oder das Judentum geht, sind der Phantasie gar keine Grenzen mehr gesetzt. Andererseits: Kann denn Unwissen Sünde sein? Gnade sei den Kreativen.

# »Jesus wurde genagelt«:
# Legenden und Phantasien

Fragloses Kernthema des christlichen Religionsunterrichts sind Leben, Wirken und Hinrichtung des Wanderpredigers **Jesus von Nazareth**. Doch zu den Überlieferungen über die historische Figur kommen noch die Legenden über den Heilsbringer der Urchristen dazu. Spätestens bei den biblischen Wundertaten steigen die meisten Schüler aus – oder erlauben sich irrwitzige Schnitzer. Große Unklarheit besteht aber auch bereits in Bezug auf einen vermeintlich bekannten Sachverhalt – die **Geburt Jesu**:

> **Frage:** Wie hieß der König, der zur Zeit von Jesu Geburt über Palästina herrschte?
> **Antwort:** Herr Odes.
>
> *Klasse 5*

> **Frage:** Welche biblische Geschichte ist in dieser Filmszene verarbeitet?
> **Antwort:** Adam und Eva auf der Suche nach einer Jugendherberge.
>
> *Berufsschule für Kaufleute im Einzelhandel*

**Frage:** Wo wurde Jesus geboren?
**Antwort:** In einer Scheune im Bruchtal.
*Klasse 3*

**Frage:** Wo wurde Jesus geboren?
**Antwort:** In Nepal.

Aus einer Klassenarbeit:
»Jesus lag als Baby mit einer Grippe im Stall.«
*Klasse 7, Realschule*

Kurz vor Weihnachten: »Schade, dass Jesus Christoph gar nicht mehr mitkriegt, dass wir Weihnachten feiern.«
*Klasse 1, Grundschule*

**Frage:** Wie alt war Jesus, als er gekreuzigt wurde?
**Antwort:** Jesus war 33, als er genagelt wurde.
*Klasse 5, Realschule*

Nageln, das rutscht in der fünften Klasse noch so raus. Ein paar Jahre später wäre das schon ziemlich schlüpfrig. Wenn Schüler aber auf die Volljährigkeit zusteuern, sollten sie wissen, dass Jesus wenig mit der **Autoindustrie** am Hut hatte:

**Frage:** Wer war Jesus?
**Antwort:** Jesus war ein Mehrtürer.
*Klasse 12*

**Frage:** Was ist ein Märtyrer?

**Antwort:** Ein Auto mit vielen Türen!

*Klasse 10*


Oder auch:

»Die Dschihadisten sterben als Mehrtürer.«

*Realschule*


Aus einer Klassenarbeit zum Thema »Jesus und seine Zeit«:

»Jesus war gegen Ehebruch, denn wenn man dabei erwischt wurde, dann wurde nur die Frau bestraft. Das fand Jesus ungerecht.«

*Klasse 8, Gymnasium*


**Aufgabe:** Erläutere die Bedeutung der Bergpredigt.

**Antwort:** Bergpredigt ist, wenn man auf einen Berg geht und predigt. Dann ist man auch Gott näher.

*Klasse 10, Berufsfachschule*


**Aufgabe:** Erkläre den Begriff »Zeitenwende«.

**Antwort:** Zeitenwende bedeutet: Es ist fünf Jahre nach Christus, und plötzlich ist es fünf Jahre vor Christus, und alles geht wieder von vorne los.

*Klasse 5*

# »Lothar Matthäus schrieb die Bibel«

Nächstes Mammutthema im Religionsunterricht: die **Bibel**. Die Frage, wer hier wann was schrieb, ist unter Schülern noch nicht ganz geklärt. Und wir fragen uns: Was haben Fußballer mit den Evangelien zu tun? Und was hatte Indiana Jones am Berg Sinai zu schaffen?

**Frage:** Wie nennt man den Urvater der drei monotheistischen Religionen?
**Antwort:** Avatar.

Der Lehrer kommentierte den Schülerhinweis mit dem Satz: »Darauf wäre ich aber nie gekommen ...« Wir auch nicht.

**Frage:** Was erhielt Mose am Berg Sinai von Gott?
**Antwort:** Die goldene Tafel, wo die zehn Gebote stehen. Aber die Frage ist falsch. Das war nicht Mose sondern Indiahna Dschones.
*Klasse 5*

**Frage:** In welchem Land wurden die Juden versklavt und von Mose gerettet?

**Antwort:** In Frankreich, das Land hieß Frankreich.

*Klasse 5*

**Frage:** Die Bibel besteht aus zwei großen Teilen, welche sind das?
**Antwort:** Altes und Neues Temperament.

*Klasse 5*

**Frage:** In welchem Buch der Bibel findet sich der Dekalog?
**Antwort:** Im Buch Exitus.

*Klasse 12, Fachoberschule*

Richtig knifflig wird es bei der Übersetzung der **Bibel**. Wer war da noch mal alles am Werk?

**Frage:** Wer übersetzte die Bibel ins Deutsche?
**Antwort:** Lothar Matthäus.

*Klasse 5*

Doch Lothar Matthäus hat nicht nur die Bibel ins Deutsche übersetzt, sondern war auch einer der Evangelisten. So geschehen in einer Religionsarbeit, in der als Antwortmöglichkeiten für die vier Evangelisten deren Anfangsbuchstaben vorgegeben waren. Ein Schüler der österreichischen Grundschule füllte aus:

L othar
M atthäus

M arkus

J ohannes

Anderswo geht es sogar noch wilder:

**Frage:** Wie heißen die Schreiber der 4 Evangelien?
**Antwort:** Markus, Lukas, Matthäus und Lothar.
*Klasse 5, Test*

# Martin Luther nagelte – nur was?

Auch der Themenkanon **Kirche und Reformation** hat es in sich. Es ist faszinierend, wie dehnbar die Definition des Reformationstages über fünf Klassenstufen hinweg ist: falsch, falscher, am falschesten.

**Frage:** Was wird am Reformationstag gefeiert?
**Antwort Klasse 4:** Martin Luther nagelte die 95 Prothesen an die Wand.
**Antwort Klasse 8:** Martin Luther nagelte die 95 Irokesen an die Wand.

Überhaupt hat dieser **Martin Luther** ziemlich verrückte Sachen angestellt und so seine Zeit entscheidend geprägt.

Dass er übrigens auch Urheber der Reformation war, erschien einigen Schülern der achten und neunten Klassen einer Gesamtschule in Hessen nicht so furchtbar wichtig:

**Frage:** Wie bezeichnet man die Bewegung, die Luther auslöste?
**Antwort:** Eleganter Schritt.

**Frage:** Wogegen kämpfte Luther?
**Antwort:** Gegen die Gesetze.

**Frage:** Wie nennt man die Anhänger Luthers?
**Antwort:** Beamte.

**Frage:** Was hat Luther mit der Bibel gemacht?
**Antwort:** Verbrannt – er hat sie ja nicht mehr gebraucht.

**Frage:** Welcher technischen Errungenschaft verdankte Luther die schnelle Verbreitung der Bibel?
**Antwort:** Der Zeitung.

**Aufgabe:** Erkläre, weshalb man von römisch-katholischer Kirche spricht.
**Antwort:** Der Papst wurde als Primat in Rom angenommen.

*Klasse 10, Berufsfachschule*

**Frage:** Was ist der Papst im Mittelalter?

**Antwort:** Der Vater aller Christen.

*Klasse 7, Gymnasium*

Sakramente, Heilige und das Ewige Licht – für viele Schüler sind diese Themen so undurchsichtig wie ein schwarzes Loch.

**Aufgabe:** Nenne die sieben Sakramente der katholischen Kirche.

**Antwort:** Taufe, Fasten, Ramadan.

*Klasse 6, Realschule*

*Mit den sieben Sakramenten werden die wichtigsten Rituale der katholischen Kirche bezeichnet: Taufe, Firmung, Eucharistie, Buße, Krankensalbung, Weihe und Ehe.*

**Frage:** Warum wird mit Wasser getauft?

**Antwort:** Weil Sekt zu klebrig ist.

*Klasse 5*

**Frage:** Welche Bedeutung hat das Ewige Licht in der Kirche?

**Antwort:** Es ist dazu da, die Oblaten warm zu halten.

*Klasse 6, Gymnasium*

**Aus dem Leben eines Schülers:**

In der tiefen bayerischen Provinz wurde an einer kleinen Grundschule im Religionsunterricht ein Test über den heiligen Franz von Assisi geschrieben. Eine Frage lautete: »Franz von Assisi hat durch sein Wirken viele Spuren hinterlassen, die noch bis in die heutige Zeit reichen. Nenne ein Beispiel.« Ein Junge schrieb als Antwort: »Franziskaner Hefe Weißbier!« Der Lehrer fand die Antwort gar nicht lustig und bestellte die Eltern zum Gespräch. Der Schüler und sein Geschwisterkind waren damals die Einzigen an der Schule, die nicht getauft waren, doch es gab keine Alternative zum Religionsunterricht. »Der Lehrer sagte, wir würden doch sicherlich nicht wollen, dass unser Sohn im Dorf zum Außenseiter würde«, berichtet Mutter K. von der Unterredung, »deshalb sollten wir religiöser leben, den örtlichen Vereinen beitreten und den Sohn zum Fußball schicken.«

# Chillen im Himmel

Jetzt darf philosophiert werden! Und siehe da: Ob Evolutionstheorie, Sterbehilfe oder das Leben im Himmel – auch Fragen zu **Glaube und Ethik** veranlassen Schüler zu intellektuellen Höhenflügen:

**Aufgabe:** Erkläre den Unterschied in der Lehre von Wissenschaft und Kirche zum Thema Entstehung des Menschen.

**Antwort:** Die Religion sagt, dass Gott uns geschaffen hat, und die Wissenschaft, dass Gott vom Affen abstammt.

*Klasse 9, Realschule*


Aus einer Klausur zum Thema »Anthropologie«:
»Der Mensch ist dem Tier überlegen. Außer er befindet sich mit zwei Nashörnern allein in der Wildnis. In dem Fall sind die Nashörner überlegen.«

*Klasse 11, Gymnasium*


**Aufgabe:** Beschreibe deine Vorstellung vom Himmel.

**Antwort:** Gleiche Welt, nur mit Toten, alles machen, was ich will, den ganzen Tag nur chillen, alles umsonst!

*Klasse 8, Gymnasium*


**Aufgabe:** Vergleiche das türkische/koranische mit dem christlichen Verständnis der Frau.

**Antwort:** die cristliche frau wurde auch unter drügt und zwar genau so.

*Klasse 8, Gesamtschule*


**Aufgabe:** Nennen Sie eine Weltreligion.

**Antwort:** Latein.

# Das historische Paar
# Abraham und Eva

Natürlich bekommen in der Schule auch andere Religionen ihr Fett weg. Wenn es um das **Judentum** oder den **Islam** geht, outen sich manche Schüler als wahre Experten:

> **Frage:** Wie heißt der Gott im Judentum?
> **Antwort:** David Stern.
>
> *Klasse 8, Hauptschule*

> Aus einem Schülertext:
> »Die Juden essen beim Pessachfest nur ungesäuertes Brot, weil auch Mose mit ungesäuertem Brot vor dem Pharao weggerannt ist.«
>
> *Klasse 5, Gymnasium*

> Aus einer Klassenarbeit:
> »Die Christen haben Priestern und die Juden die Rabbits.«
>
> *Klasse 8, Realschule*

Rabbits, Rabbis, Rabbiner – wer soll da noch den Überblick behalten? Und wenn erst der **Ramadan** ins Spiel kommt:

**Frage:** Was wisst ihr zum Thema Islam?
**Antwort:** Die Moslems beten Richtung Neckar.
*Klasse 6*

»Während des Ramadan schlafen die Muslime von Sonnenaufgang bis Sonnenuntergang.«
*Klasse 8, Gesamtschule*

Thema: Ursprünge des Islam.
**Frage im Nachhilfeunterricht:** Die ersten Moslems waren ja die Araber, welche ihre Herkunft auf den Urvater Abraham zurückführen. Du hast doch im Unterricht schon von dem Urvater Abraham gehört?
**Antwort:** Ja, ja sicher, das waren Abraham und Eva!

**Aufgabe in einer Klausur:** Fülle den Lückentext aus!
**Antwort:** Abraham hatte einen ... DEAL ... mit Gott.
*Klasse 5*

Wer alles durcheinanderwirft und sich als kompletter Banause der Religionsgeschichte outet, wird peinliche Momente erleben. Andererseits könnte man es auch rein nihilistisch betrachten: Alles ist erlaubt.

WARUM SIND EIGENTLICH ALLE KARTEN VON OBEN GEZEICHNET? NUR FALL-SCHIRMSPRINGER KOMMEN VON OBEN!
H&B

# »Misses Hippie ist ein Fluss«: Irrläufer in Erdkunde

Hier kommt eine gute Nachricht: Das Absitzen von Zeit in Fächern wie Erdkunde bereitet bestens auf das Leben vor. Und zwar nicht, weil Erdkunde ein besonders wichtiges Fach wäre oder seine Inhalte zu Höherem befähigten. Was man daraus lernen kann? Sich mit lästigen Situationen zu arrangieren, die man nicht ändern kann. Wie man es zum Beispiel schafft, sich die Namen von Flüssen, Gebirgen, Städten und Ländern auf der ganzen Welt einzuhämmern, obwohl es einen nicht die Bohne interessiert. Oder wie viel Energie man aufwenden muss, um es gerade noch durch die Klausur zu schaffen und gleichzeitig Raum zu haben für die Dinge, die einen wirklich begeistern. Auch wenn das Fach den meisten Schülern höchstens Grundkenntnisse in Geographie vermittelt, kann Erdkunde also als prima Anleitung zum Ressourcenmanagement verstanden werden. Das ist eine Lektion, die für den Rest des Lebens wichtig ist. Und die paar Wissenslücken, die in der Klausur auftreten, bügeln Schüler durch Einfallsreichtum locker wieder aus. Dann wird Niedersachsen zu einer Hallig, die Brücke in San Francisco zur Golden Gate Bitch und der Lebensraum der Pinguine nach Süd-Polen verlegt. Selbstverständlich wachsen dann auch im Amazonasgebiet, na, was wohl?

## Fernweh und Weltschmerz

Eine besonders große Hürde im Fach Erdkunde: immer dieses lästige **Ausland**! Unsere Erdkugel beheimatet laut UNO knapp 200 Staaten. Wo liegt was? Und dann dieses Sprachen-Wirrwarr. Da kann man durchaus mal was verwechseln:

> **Aufgabe:** Nenne den größten Kontinent.
> **Antwort:** Niederösterreich.
> *Klasse 5, Neue Mittelschule Österreich*

Äh, nein, aber in Österreich kann noch mehr durcheinandergehen:

> Schüleraussage: »Österreich liegt doch in der Nähe von Wien.«
> *Klasse 8, Realschule*

Und im Rest der Welt sowieso:

»Die Seychellen gehören zu Ecuador.«
*Klasse 9, Hauptschule*

»Brasilien liegt in der Sahelzone.«
*Klasse 9, Hauptschule*

»Der Amazonas entspringt im Pazifischen Ozean!«
*Klasse 9, Hauptschule*

**Frage:** Auf welchem Kontinent liegt das Kaspische Meer?
**Antwort:** Spezifisches Drittes Reich.
*Klasse 8, Realschule*

**Frage:** Welche Länder gehören zum Nahen Osten?
**Antwort:** Die Neuen Bundesländer und Polen.

**Frage:** Wo fließt der Nil?
**Antwort:** Zwischen Sylt und Niedersachsen.
*Klasse 8, Hauptschule*

**Frage:** Der nullte Längengrad geht durch einen Vorort von London. Wie heißt dieser Vorort?
**Antwort:** Amerika.
*Klasse 6, Gymnasium*

**Aufgabe:** Der Nordwesten Frankreichs neigt sich in Form einer Halbinsel gleichsam dem fernen Nordamerika entgegen. Nenne die französische Landschaft, die diese Halbinsel bildet.

**Antwort:** Baguette.

*Klasse 7, Gymnasium*

Oui, oui, viel Baguette gibt es in Frankreich, die Bretagne aber auch. Und das große deutsche Nachbarland bietet sogar noch mehr:

**Frage:** Hauptstadt von Frankreich?

**Antwort:** Frankreich-City.

*Klasse 8, Realschule*

**Frage:** Wie heißt der Kanal, der die Nord- und Ostsee verbindet?

**Antwort:** Arte?

*Klasse 8*

**Aufgabe:** Nennt alle Nationalparks der USA, die euch einfallen.

**Antwort:** Jurassic Park.

*Klasse 11*

# Keinen (Stadt-)Plan

Nicht nur ferne Länder, Städte im Ausland oder andere Sprachen bereiten Schülern ernsthafte Schwierigkeiten. Auch in **Deutschland** kennen sich viele kaum bis gar nicht aus. Bundesländer? Himmelsrichtungen? Hauptstädte? Keinen Plan.

**Frage:** Was sind die nördlichsten deutschen Inseln?
**Antwort:** Irland und der Nordpol.

*Klasse 9, Hauptschule*

Aus einem Lückentext:
»Eine bekannte Hallig heißt... Sylt. Weitere Halligen sind ... Nordrhein-Westfalen und ... Niedersachsen.«

*Klasse 6, Gymnasium*

**Aufgabe:** Benenne die Meere und Seen in der Deutschland-Karte.
**Antwort:** Ostsee, Nordsee, Südsee.

*Klasse 6, Realschule*

**Aufgabe:** Nenne die Bundesländer Deutschlands.
**Antwort:** Schließlich Hohlstein.

*Klasse 10, Hauptschule*

**Frage:** Wie heißt das nördlichste Bundesland?
**Antwort:** Schlossweg-Holzstein.

*Klasse 5, Realschule*

**Frage:** Was ist die Hauptstadt von Sachsen-Anhalt?
**Antwort:** Sachsenhausen.

*Klasse 10, Realschule*

Eine Mannheimer Lehrerin berichtete von vielen ihr **unbekannten Bundesländern**, die sie erst durch ihre Berufsschüler kennenlernte: Sachsen-Einhalt, Niederland, Rheinwest, Prag, Amsterdam, Tübingen und schließlich Tschehttschehnien. Auch bei den Nachbarländern wurde es bunt: Rusland, Würtemberg und China fanden sich darunter.

»Schwerin liegt am Bodensee.«

*Klasse 9, Hauptschule*

»Hamburg liegt im Süden von Frankfurt am Main.«

*Klasse 9, Hauptschule*

**Aufgabe:** Nenne vier Städte des Ruhrgebiets.
**Antwort:** Dortmund, Hamburg, Polen, China.

*Klasse 6, Hauptschule*

**Aufgabe:** Nenne die Nachbarstädte von Duisburg.
**Antwort:** Polen und Holland.

*Klasse 9, Hauptschule*

# Himmel, hilf!

Außergewöhnliche Erkenntnisse haben einige Schüler beim Thema **Himmelskörper**. Wer erkennt, was unser Planetensystem mit Krokodilen, Uhren und Walnüssen verbindet, dem eröffnen sich völlig neue Perspektiven.

**Frage:** Was ist ein Lichtjahr?
**Antwort:** Ein Jahr, in dem die Sonne ganz besonders hell scheint.

*Klasse 5, Realschule*

Thema: Die Entstehung des Alls durch den Urknall.
**Schülerfrage:** Also, eines müssen Sie mir mal erklären: Wenn es doch nichts im All gegeben haben soll, wo kommt denn bitte diese Uhr her, die da explodiert ist?

*Klasse 6, Realschule*

Sogar Bundeskanzlerin Merkel soll sich im All rumtreiben:

**Aufgabe:** Nenne die acht Planeten unseres Sonnensystems.
**Antwort:** Mars, Erde, Neptuhn, Uhranus, Jupiter, Merkl, Valnuss, Sonne.
*Klasse 6, Realschule*

**Frage:** Wie heißt der größte Breitenkreis der Erde?
**Antwort:** Alligator.
*Klasse 5*

**Aufgabe:** Zähle die Erdschichten auf (von außen nach innen).
**Antwort:** Erdkern, innerer Erdkern, absolut innerer Erdkern.
*Klasse 8, Realschule*

»Die Erde dreht sich um die eigene Axt.«
*Klasse 5, Realschule*

**Aus dem Leben eines Lehrers:**
Wie war das noch, Salat wächst im Regenwald? Nach dem Lesen eines Textes zu den Tropen sollten die Schüler einer achten Realschulklasse in Schleswig-Hol-

stein einige tropische Nutzpflanzen aufzählen, die man auch bei uns konsumiert: Banane, Ananas oder Papaya, Vanille, Kakao oder Kaffee waren gefragt. Ein Mädchen italienischer Abstammung hatte keine Ahnung, und Lehrer Ole H. versuchte, ihr auf die Sprünge zu helfen: »Überleg mal, welche Pflanze, die ihr zu Hause vielleicht auch manchmal esst, könnte denn aus dem tropischen Regenwald kommen?« Die Schülerin, nun ganz entschlossen: »Rucola!«

## Der Amazon: Alles im Fluss

Das ganze Leben ist ein Quiz, sang Komiker Hape Kerkeling. Kein schlechter Ansatz: Ist Erdkunde nicht schlicht eine erweiterte Form des Spieleklassikers »**Stadt, Land, Fluss**«? Erratisch genug sind die Schülerantworten auf jeden Fall. Und wir raten, raten, raten.

**Frage:** Wie heißt der längste Fluss Brasiliens?
**Antwort:** Amazon.
*Klasse 4, Grundschule*

»Misses Hippie.«
Für den Fluss Mississippi.

Aus einer Klausur:
**Aufgabe:** Gib den Namen der Meerenge an, die die Bucht von San Francisco mit dem Pazifik verbindet.

115

Kleiner Tipp: Die Meerenge heißt genauso wie die Brücke darüber.

**Antwort:** Golden Gate Bitch.

*Klasse 7, Gymnasium, Geographie-Wettbewerb*

**Frage:** Welche Vor- und Nachteile brachte der Assuan-Staudamm den Ägyptern?

**Antwort:** Nur Nachteile, weil die Ägypter anschließend den Nil graben mussten.

*Klasse 8*

Meere, Flüsse, Staudämme – nun ja, was wo fließt, kann man ja mal verwechseln. Aber auch, was wo in den Himmel ragt? Oh ja:

**Frage:** Was sind Merkmale eines Mittelgebirges?

**Antwort:** Es ist 500-600 Meter hoch. Es gibt frische Luft und schöne Wanderwege.

*Klasse 5, Realschule*

Aus einer Klassenarbeit zum Thema »Gebirge«:
»Gneis und Gratin bilden das Grundgebirge.«

*Klasse 8, Realschule*

**Frage:** Der höchste Berg in Polen?

**Antwort:** Der Danzig!

*Klasse 8, Hauptschule*

Hm. Danzig ist eine große Stadt in Polen. Dort wurde Günter Grass geboren. Aber ein Berg? Und dann noch der höchste? Nee.

## Terroristengebiete am Meer: Extrem gefährliches Halbwissen

Wenn Touristen zu Terroristen werden, die Stärke eines Erdbebens mit Vibratoren gemessen wird oder Dinosaurier den Grand Canyon entdeckt haben, fällt Lehrern häufig nichts mehr ein – oder nur ein Kommentar wie dieser, den ein verzweifelter Lehrer neben eine Schülerantwort schrieb: »So ein Quatsch!«

> **Frage:** Der Monsun ist die Lebensader in Indien. Was bedeutet Monsun übersetzt?
>
> **Antwort:** Mohn ist eine vor allem in Europa ansässige Pflanze mit halozinogener Wirkung. Sun ist Englisch für Sonne. Daher bedeutet Monsun »halozinogene Sonne«.
>
> *Klasse 9, Gymnasium*

**Frage:** Was wächst im Amazonasgebiet?
**Antwort:** Amazonen.

*Klasse 9, Realschule*

**Frage:** Was ist das Kastenwesen?
**Antwort:** Ein Fabelwesen aus der hinduistischen
Mythologie, halb Mensch, halb Kasten.

*Klasse 8, Gemeinschaftsschule*

**Frage:** Was sind die Merkmale eines Nationalparks?
**Antwort:** Der Nationalpark-Wattenmeer ist ein
Terrorismusgebiet.

*Klasse 5, Klassenarbeit*

Achtung, auch eine Nordfriesische Insel ist sehr gefährlich:

»Die Bewohner Amrums leben von Terroristen.«
*Klasse 5*

**Aufgabe:** Schreibe Merkmale zum Grand Canyon auf,
die im Film gezeigt wurden.
**Antwort:** Vor 17 Millionen Jahren beherrschten die
Saurier die Westküste. Der Grand Canyon wurde vor
60 Millionen Jahren von Sauriern ausgegraben.
(Diesen Erguss musste der Lehrer mit einer Rand-
notiz kommentieren: »So ein Quatsch!«)

**Aufgabe:** Nenne Schwellen und Becken in Afrika.

**Antwort:** Türschwelle und Waschbecken.

*Klasse 8, Gymnasium*

Thema: Hamburger HafenCity
**Schülerzitat:** »Studenten und Otto-Normal-Verbraucher haben zur HafenCity keinen Zugang.«

*Klasse 11*

*Hier wurde die Hamburger HafenCity mit dem Freihafen-Gebiet verwechselt, das 2012 aufgelöst wurde. Die HafenCity ist ein normaler Stadtteil, der auf Teilen des ehemaligen Zollhafens, der Speicherstadt, gebaut wurde. Und zur HafenCity hat natürlich jedermann Zugang.*

Durcheinander fliegt auch einiges beim Thema **Erdbeben**. Die Schüler-Weisheiten in diesem Bereich sind so erschütternd wie pikant:

**Frage:** Mit welchem Gerät wird die Stärke von Erdbeben gemessen?
**Antwort:** Mit dem Vibrator.

*Klasse 5, Gymnasium*

**Frage:** Welches Körperteil sollte man bei einem Erdbeben besonders schützen?
**Antwort:** Das Genital.

*Klasse 8, Hauptschule*

Und auch bei der Beschreibung von Landschaftstypen wird es manchmal unfreiwillig anzüglich:

> »In der Tundra gibt es viele Flechten und Möse!«
>
> *Klasse 8, Realschule*

# »Das Ökosystem kümmert sich um die Müllentsorgung«

Was die Menschen mit ihrem Erdball so alles anstellen, sollte ebenfalls in Erdkunde vermittelt werden. Es SOLLTE vermittelt werden. Was aber am Ende eines langen Schultages im Schülergehirn zu den Themen **Landwirtschaft, Bodenschätze, Industrie, Bevölkerung** hängenbleibt, hat mit dem eigentlichen Schulstoff nicht mehr viel gemein:

> **Frage:** Wann entstand die Kohle?
> **Antwort:** Steinkohle entstand in der Steinzeit und Braunkohle zwischen 1850 und 1950!
>
> *Klasse 10, Realschule*

> **Frage:** Woraus wird Koks hergestellt?
> **Antwort:** Aus Eisen. Oder aus der Kokspflanze.
>
> *Klasse 8, Hauptschule*

**Aufgabe:** Erkläre den Fachbegriff »Ökosystem«.

**Antwort:** Das Ökosystem kümmert sich zum Beispiel um die Müllentsorgung. Deutschland hat ein gutes Ökosystem.

*Klasse 10, Gymnasium*

**Frage:** Welche Pflanzen werden von Landwirten in Finnland angebaut?

**Antwort:** Stroh, Heu und Sauerkraut.

*Klasse 8, Realschule*

**Frage:** Womit düngen Bauern?

**Antwort:** Natürlich mit Zucker!

*Klasse 7, Realschule*

Stimmt, Zucker lässt Zellen wachsen, Fettzellen zumindest. Gehirnzellen hingegen eher nicht.

**Frage:** Was ist ein Haufendorf?

**Antwort:** In diesem Dorf kann man über den Zaun klettern, um zu den Nachbarn zu gelangen.

**Frage:** Was ist eine Lössdecke?

**Antwort:** Ein Fußabtreter.

*Klasse 10, Realschule*

**Frage:** Wo kann man Löss finden?

**Antwort:** Das wissen Sie nicht? Im Reformhaus!

*Klasse 10, Realschule*

**Frage:** Woher hatten die Kelten den Torf für den Rennofen?

**Antwort:** Vom Praktiker.

*Klasse 8, Hauptschule*

**Aufgabe:** Nenne fossile Brennstoffe, und erkläre, wie sie entstanden sind.

**Antwort:** Die Brennstoffe sind unter der Erde. Das war so: Der Blitz schlug in die Dinosaurier ein und die Energie speicherte sich dann in den Knochen.

*Klasse 9, Realschule*

**Aus dem Leben eines Schülers:**

Das Fach Wirtschaftsgeographie war in der Höheren Handelsschule von Sebastian F. ein Pflichtfach für diejenigen, die Spanisch abgewählt hatten. Das bedeutete: Niemand saß freiwillig in dieser Klasse, es war bloß das kleinere Übel. Lehrerin F. hatte das Pensionsalter erreicht, es war ihr letzter Kurs. »Das Lehrmaterial war völlig ungeeignet«, findet Sebastian, »der kleine Außerirdische mit seiner fliegenden Untertasse war nicht das richtige Mittel, um 17-Jährigen Längen- und Breitengrade beizubringen.« In einer Klausur wurde der Schüler gefragt, was Christoph Kolumbus entdeckt habe, er schrieb hin: »Die Karibik.« Eine so präzise

Antwort hatte Lehrerin F. nicht gewünscht – sie gab keinen Punkt, sondern malte ein Fragezeichen. Das ärgert Sebastian heute noch: »Bei solch aggressiver Unterforderung ist es Notwehr, wenn man kreative Antworten gibt. Andernfalls verkümmert man intellektuell vollends. Wenn Lehrer ihre Schüler nicht ernst nehmen, wie sollen dann die Schüler ihre Lehrer ernst nehmen?«

# Die Pinguine aus Süd-Polen

Die **Arktis** ist ungefähr so weit weg wie die Gedanken vieler Schüler im Erdkunde-Unterricht. War der Südpol nicht bei Afrika? Und die Pinguine hatten doch auch irgendwas mit den Polen zu tun?

**Frage:** Weiß jemand, wo die Pinguine leben?
**Antwort:** Süd-Polen.
*Klasse 9, Gesamtschule*

**Frage:** Warum ist es an den Polen zu kalt und am Äquator so heiß?
**Antwort:** Weil Polen nicht am Äquator liegt.
*Klasse 7, Realschule*

**Frage:** In Äquatornähe findet man?
**Antwort:** Den Nordpol.

Aus einer Mediationsaufgabe (Übersetzung aus dem Englischen):

»Es wird davor gewarnt, dass etwa Afrika und die Arktis irgendwann mit den Fiji-Inseln zusammenstoßen können, wenn der Klimawechsel weiterhin nicht aufgehalten werden kann.«

*Stufe 12, Berufskolleg*

Stimmt, das ist eine ernstzunehmende Gefahr. Noch wahrscheinlicher allerdings ist, dass Hawaii und Sylt bald eine große Insel bilden.

Aus einer Aufgabe zum Leben der Inuit:

»Wenn die Robben ausgehen, jagen sie Eisbären und so. Im Sommer jagen sie Füchse und vögeln.«

Die Antworten aus diversen Erdkunde-Stunden an deutschen Schulen zeigen: Ein Globus, eine Weltkarte oder ein Atlas sollten zur Grundausstattung in Kinderzimmern gehören. Oder – noch besser – es sollten regelmäßig Reisen auch durch heimische Gefilde unternommen werden. Vielleicht liegt dann in den Köpfen von Schülern Hamburg nicht mehr südlich von Frankfurt am Main und Schwerin nicht mehr am Bodensee.

# »Rippen und Unterkiffer«: Blamagen in Biologie

Als Schüler empfindet man manche Fächer als reine Schikane. Warum muss man sich überhaupt mit diesen unsinnigen Themen beschäftigen? Nur über die Biologie wird selten geklagt. Sie ist deshalb so beliebt, weil sich kaum ein Fach so konkret mit dem Leben in all seinen Erscheinungsformen befasst: Pflanzen, Tieren, Menschen. Das ist alles greifbar – und doch leider weniger easy als gedacht. So entpuppt sich die Biologie beim genaueren Hinsehen als ernsthafte Naturwissenschaft, in der auch Chemie-Kenntnisse zählen. Die Vorstellung der Evolution, dass alle Geschöpfe irgendwie miteinander verwandt sind, ist ja noch ganz amüsant. Doch spätestens bei Zellatmung und Genetik zählen nur noch harte Fakten. Und leider sind auch die Bio-Lehrer nur vordergründig eine total lässige Spezies, die vieles nicht so genau zu nehmen scheint – in der Klausur zählen dann doch nur die harten Fakten. Aber die Hoffnung des Schülers stirbt bekanntlich zuletzt: Ist es nicht vielleicht ausreichend, eine ungefähre Vorstellung davon zu haben, was die Bienen mit den Blumen anstellen und wie der menschliche Körper aufgebaut ist? Doch leider wissen viele nicht einmal das.

# Jeder Körper ist anders:
# Hammer und Armbrust

Wunderbar planlos sind viele Schüler, wenn es um Fragen der **Anatomie** geht. Dabei entstehen die phantastischsten Wesen mit Sichel im Ohr oder Schließmuskel im Herzen. Die Kombinationsmöglichkeiten sind schier unbegrenzt!

> **Aufgabe:** Nenne die drei Gehörknöchelchen.
> **Schülerin:** Amboss, Hammer und Sichel.
> *Klasse 12*

Oder, halt, nein, war es nicht so:

> »Hammer und Armbrust und Steilhügel befinden sich im Innenohr.«
> *Klasse 7, Realschule*

Bei so viel Falschem weiß man kaum mehr, wie es richtig ist. Nämlich so: Hammer, Amboss und Steigbügel befinden sich im Innenohr.

> **Aufgabe:** Ergänze den Lückentext »Das Herz ist ein faustgroßer ...«

**Antwort:** ... Schließmuskel.

*Klasse 10, Gymnasium*

Aus einer Klausur:

»Unterkiffer, Rippen ...«

(Handschriftlicher Kommentar des Lehrers daneben: »Und wo sind wir mit unseren Gedanken?«)

Wer sich den Körper schon so einmalig zurechtgezimmert hat, findet auch die passenden **biologischen Abläufe** dazu:

Aus einer Klausur zum Thema »Osmose«:

»Osmose ist das Streben nach Unordnung in einer Schweinsblase.«

*Klasse 11*

Eklige Vorstellung! Warum sollte man danach streben? Da bevorzugen wir doch lieber die Symbiose:

Aus einer Klausur:

»Symbiose ist das Zusammenleben zweier Orgasmus.«

*Klasse 8, Realschule*

**Frage:** Was ist ein Gentransfer, und wie wird er angewendet?

**Antwort:** Es wird ein Gen entnommen und bei etwas anderem eingesetzt. Damit Kühe nicht frieren, wird

ihnen eine Zelle von einem Wal in der Antarktis eingesetzt, dem nie kalt ist.

*Klasse 10, Realschule*

 *Beim Gentransfer werden genetische Informatio-
nen auf künstlichem oder natürlichem Weg über-
tragen. Dabei wird unterschieden zwischen ver-
tikalem – durch die Weitergabe von Erbgut bei
Vermehrung – und horizontalem Gentransfer von
einem Organismus auf einen anderen: So sind zum
Beispiel Bakterien für menschliche DNA-Eigen-
schaften verantwortlich.*

**Aufgabe:** Vergleiche die Fortpflanzung bei Fischen,
Amphibien und Säugetieren.
**Antwort:** Die Fortpflanzung der Fische und
Amphibien sind die sogenannten Leichen.
Säugetiere hingegen bringen ihre Kinder lebend
zur Welt.

*Klasse 5, Gymnasium*

**Aufgabe in einer Leistungskurs-Klausur:**
Beschreiben Sie den Serum-Präzipitin-Test.
**Antwort:** Der Prinzipientest beruht darauf, dass Men-
schen mehr Prinzipien haben als beispielsweise
Schimpansen. Allerdings haben auch Gorillas ein paar
Prinzipien.

*Klasse 11, Gymnasium*

# Achtung, die Reh-Kids kommen

Faszinierend, wie ausgeklügelt die **Tier- und Pflanzenwelt** auf unserem Planeten funktioniert! Warum Hühner so gute Jäger sind und wie Wüstenfüchse mit Ventilatoren zurechtkommen, können Schüler dank ihrer genialen Geistesblitze ganz einfach erklären:

> **Lehrerin:** Welche Wiesenblumen kennt ihr?
> **Kind 1:** Butterblume!
> **Kind 2:** Margarine!
> *Klasse 1*

> **Frage:** Was bedeutet das X in einem botanischen Namen?
> **Antwort 1:** Die Pflanze ist gekreuzigt worden.
> **Antwort 2:** Die Pflanze ist an einer Kreuzung entstanden.
> *Berufsschule*

Beliebtes Thema sind die **Bienen und die Pollen**. Bei Lehrern weniger beliebt: die vielen Mythen, die sich um die Honigproduktion ranken.

**Frage:** Welche Aufgaben haben die weiblichen Bienen?

**Antwort:** Sie putzen viel, kümmern sich um die Kinder und in ihrer Freizeit sammeln sie Pollen und Nektar.

*Klasse 6, Grundschule*

Aus einer Klassenarbeit:

»Und dann stößt die Biene gegen die Polensäcke und die Polen bleiben an ihrem Rücken kleben. Wenn sie wieder zu einer andern Blüte fliegt, dann bleiben die Polen an der Narbe kleben und es werden Polenschläuche gebildet.«

*Klasse 6*

**Frage:** Wo entsteht der Honig?

**Antwort:** Im Höschen der Biene.

*Klasse 9*

Richtige Antwort wäre hier »im Honigmagen« gewesen. Beinkleider gibt's bei den Bienen aber auch: Die Pollen werden im sogenannten Pollenhöschen gesammelt – der Neuntklässler lag also gar nicht so weit daneben.

Die Bienentätigkeit ist damit geklärt. Aber was treiben **andere Tierarten** eigentlich so? Sie paaren sich in unvorstellbaren Konstellationen, können fliegen und sogar Mehl liefern:

Aus einer Klassenarbeit:

»Das Huhn ist ein Hetzjäger. Es hetzt seine Beute zu Tode.«

*Klasse 5, Realschule*

**Aufgabe:** Nenne ein Beispiel für ein tierisches Hybrid.
**Antwort:** Maulesel = Maulwurf + Esel.

*Klasse 9, Realschule*

Dieser Maulesel kann wahrscheinlich auch unterirdische Tunnel bauen. Arme Gartenbesitzer.

**Frage:** Wie schützen sich Tiere vor dem Winter?
**Antwort:** Die Kaninchen fliegen in den Süden.

*Klasse 5*

**Aufgabe:** Nenne zwei Kennzeichen von Wirbeltieren.
**Antwort:** Können sich paaren und danach fernsehen.

*Klasse 6, Gesamtschule*

**Frage:** Nenne körperliche Merkmale der Vögel, die ihnen das Fliegen erleichtern.
**Antwort:** Vögel sind innen hohl, also der ganze Körper ist ausgehöhlt.

Aus einer Klassenarbeit:

»Die Kuh bringt uns Milch und Mehl.«

*Klasse 5, Realschule*


Aus einer Klassenarbeit:

»Elefanten nehmen hin und wieder ein Schaumbad.«

*Klasse 5, Realschule*

(Kommentar der Lehrkraft: Gemeint war wohl das Schlammbad.)


**Aufgabe:** Nenne einige Standvögel, die im Winter bei uns in Deutschland bleiben.

**Antwort:** Kohlmeise, Sperling, Amsel und Rotkäppchen.

*Klasse 4, Grundschule*


Rotkehlchen, Rehkitz, Pantoffeltierchen – wer kann sich das schon alles merken. Vor allem, wenn es viel schönere Wortschöpfungen gibt?


**Frage:** Wie heißen die Nachkommen des Rehs?

**Antwort:** Reh-Kids.

*Klasse 5, Gymnasium*


**Frage:** Warum bezeichnet man Pferde als Steppentiere?

**Antwort:** Pferde sind Stepper, sie steppen mit ihren Hufen.

*Klasse 5, Realschule*

Aus einer Klassenarbeit:

»Das männliche Rind heißt Esel.«

*Klasse 5, Realschule*

**Aufgabe:** Nenne ein Beispiel für ein mikroskopisch kleines Lebewesen.

**Antwort:** Kartoffeltierchen.

*Klasse 5*

Aus einer Facharbeit über die Evolution der Kamele:

»Neben ein, zwei oder drei Höckern haben Kamele 13 Beine. Am liebsten frisst das Kamel dornige Büsche, Knochen, Fleisch, Häute, Zelte und Sandalen. So kann man sagen, dass Kamele fast alles fressen, was grün und pflanzlich ist.«

*Klasse 12, Gesamtschule*

13 Beine? Bisschen viel? Aber dieses Tier mag ja auch am liebsten Sandalen zum Frühstück. Ein wahres Fabelwesen!

**Aufgabe:** Beschreibe die Allensche Regel am Beispiel des Fuchses.

**Antwort:** Der Wüstenfuchs benutzt seine großen Ohren als Ventilator.

*Klasse 12, Gymnasium, Grundkurs*

Die Allensche Regel besagt, dass bei Tieren die Proportionen von Körperteilen vom Klima abhängen: Extremitäten, Ohren und Schwänze sind in kalten Regionen klein, in warmen Regionen groß. Lehrer N. amüsierte sich beim Korrigieren der Klausur über den Ventilator-Vergleich beim Wüstenfuchs, auch bekannt als Fennek: »Man stelle sich den Fennek mit auf Höchstgeschwindigkeit rotierenden Ohren vor!« Seltsam fand Bio-Lehrer N. allerdings, dass er in der nächsten Klausur wieder vom Ventilator las. »Wer war denn so blöd, diesen Käse noch abzuschreiben? Das musste ich natürlich heftig mit roter Tinte kommentieren.« Doch auch eine dritte Schülerin, die weiter weg gesessen hatte, schrieb vom Ventilator: Die Mädchen hatten zusammen gelernt und ein zweites Schulbuch benutzt, in dem erklärt wurde, dass die großen Ohren des Wüstenfuchses für erhöhten Luftaustausch sorgen (Ventilation), anders als etwa beim Polarfuchs, der kleine Ohren hat. Lehrer N.: »Ich habe mich natürlich für meine gemeinen Kommentare in der Klausur entschuldigt.«

Innerhalb der Pflanzenwelt nimmt der **Wald** eine besondere Stellung ein. Er wird von der Grundschule bis zum Abitur immer wieder durchgenommen und vermittelt manchen Schülern sogar tiefschürfende Einsichten, die weit über die eigentliche Thematik hinausreichen.

Aus einer Klassenarbeit zum Ökosystem Wald:
»Ökosysteme sind keine geschlossenen Systeme, weil ein Reh zum Beispiel kann eine Pflanze vom Wald zu einer Wiese tragen oder andersherum. Es ist auch so, dass sich Tiere dort frei bewegen. Das heißt, sie kommen und gehen. So wie Frauen auch.«

**Frage:** Welche Nadelbäume kennst du?
**Antwort:** Tanne, Fichte, Oberkiefer.

*Klasse 5, Hauptschule*

# Evolution: Das stärkste Zitat setzt sich durch

Wer sagt eigentlich, dass vor dem Homo sapiens die Dinosaurier oder Neandertaler die Erde bevölkerten? Vielleicht lebten in der **Urzeit** ja auch Frösche und Fossilien, vielleicht sogar äußerst mutige Läuse? Und hatte die Evolution nicht in jedem Fall etwas mit Goliath zu tun? Lesen Sie selbst:

Klassenarbeit, Thema »Evolution«:

**Frage:** Nenne Möglichkeiten der Fossilierung.

**Antwort:** Steinigung.

*Klasse 10, Realschule*


Aus einer Grundkurs-Klausur:

»Fossilien findet man auf verschiedenen Kontinenten, weil sie möglicherweise dort gelebt haben.«

*Stufe 13, Gymnasium*


**Frage:** Wer war denn nun Darwin?

**Antwort:** In der Bibel ist die Rede von Darwin und Goliath.

*Klasse 8, Hauptschule*

 *Die Evolutionstheorie von Charles Darwin geht davon aus, dass sich das Leben auf der Erde seit Millionen von Jahren entsprechend den jeweiligen Umweltbedingungen entwickelt hat. Dieser Idee wollen bibeltreue Christen nicht folgen: Aus Sicht der Kreationisten ist alles Leben göttlichen Ursprungs – deshalb fordern sie zum Beispiel, dass an US-Schulen im Biologieunterricht die biblische Schöpfungsgeschichte unterrichtet wird.*


Aus einer Leistungskurs-Klausur zur Evolution:

»Der Mensch hat die Evolution überlebt.«

*Klasse 12, Gymnasium*

**Frage:** Mit welchem heute lebenden Vogel kann man den Archäopterix vergleichen?
**Antwort:** Frosch.

*Klasse 9, Realschule*

Fast. Die richtige Antwort wäre gewesen: die Elster.

**Aufgabe:** Nenne Unterschiede zwischen Affen und Hominiden.
**Antwort:** Die Homos konnten sich auch mal gerade machen und nicht nur so schlaff rumhängen wie die Affen.

*Klasse 6, Gesamtschule*

Aus einer Klausur zu Parasiten, die Menschenaffen befallen:
»Der Pediculus nahm sich den Schimpansen vor und der Phthirus-Parasit den Gorilla.«

*Klasse 12, Gymnasium*

**Frage:** Warum lebten die Steinzeitmenschen als Nomaden, zogen also ihrer Nahrung hinterher?
**Antwort:** Weil ein Mammut nicht in die Kühltheke passt.

*Klasse 5, Realschule*

**Frage:** Welche Neandertaler kennst du?
**Antwort:** Ich kenne keine, weil sie alle tot sind.

*Klasse 7*

*Neandertaler bevölkerten Europa jahrtausende-lang. In bereits 400.000 Jahre alten Fossilien fan-den Forscher Eigenschaften, die für Neandertaler typisch sind. Doch man geht davon aus, dass die ersten Neandertaler vor etwa 130.000 Jahren leb-ten. Heute gilt der Neandertaler als ausgestorbene Seitenlinie des Menschen. Er verschwand vor etwa 30.000 Jahren von der Bildfläche – warum, ist noch nicht vollständig geklärt.*

Tja, bei so viel Rätselraten um die Entstehung des heutigen Menschen dürfen auch Schüler mal verwirrt sein. Wie gut, dass es noch Chemie und Physik gibt, da hat man wenigstens klare Regeln, auf die man sich verlassen kann. Oder auch nicht, findet ein Realschüler einer achten Klasse:

»Biologie ist die Leere des Lebens, Physik ist die Leere des Körpers, und Chemie ist die Leere der Stoffe!«

Und so geht es weiter mit haarsträubenden Weisheiten aus **Chemie und Physik**.

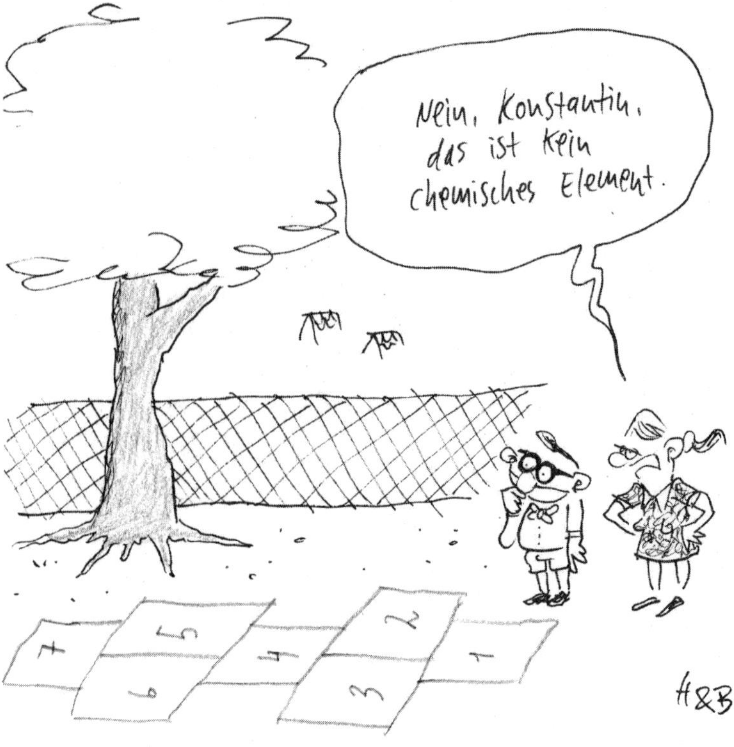
Nein, Konstantin, das ist kein chemisches Element.
H&B

# »Na steht für Napalm«: Chemie, Physik und Mathe

Ja, wir wissen das alles: Mädchen sind nicht schlechter in Mathematik und Naturwissenschaften, es wird ihnen nur eingeredet. Wenn es drauf ankommt, haben sie mindestens so viel auf dem Logik-Kasten wie die Jungs. Wer als Frau auch nur minimal emanzipiert ist, lässt sich von dem sozial konstruierten Bild nicht beeinflussen, wonach Mädchen Deutsch können und mögen und Jungs liebend gern rechnen und mit dem Geodreieck hantieren. Und obwohl wir, die Autorinnen dieses Buches, das alles wissen, zählen auch wir zu den Frauen, die in ihrer Schulzeit der Bedrohung durch Zahlen, Formeln und Gleichungen so gut wie möglich aus dem Weg gegangen sind. So haben wir zum Beispiel in diesen Stunden viel geschlafen (siehe auch Schlafkapitel auf Seite 87). Und zwar so tief, dass wir uns auch heute noch, beim Schreiben dieses Buches, lange vor genau diesem Kapitel gedrückt haben. Weil wir wussten: Es gibt wenig, das man noch weniger verstehen kann als Physik. Wir würden viel nachschlagen müssen und uns fragen: Wieso finden andere Antworten wie »Kohlenstoff wird zu Wasserstoff, wenn man ihn verbrennt« so lustig? Wäre das Szenario nicht möglich? So rein theoretisch?

# »Die binomischen Formeln sind geheim«

Immerhin: Dieser Mathe- und Physiklehrer entlastet uns Autorinnen ein wenig von der Schmach, sich in diesen Fächern unwohl, weil unwissend zu fühlen. »Ich kann im Gegensatz zu meinen Kollegen aus anderen Fächern nur wenige Stilblüten finden. Falls doch mal welche auftauchen, braucht man eine gute Portion an ›Nerdhumor‹, um den Witz in den Aussagen im Ansatz zu verstehen.« Und los geht's mit – tadaaaaa – **Mathematik**:

> **Aufgabe:** Lösen Sie folgende Aufgaben mit Hilfe der binomischen Formel.
> **Antwort:** Das geht nicht. Die binomischen Formeln sind geheim.

> **Aufgabe:** Zum Bundesligaspiel Bayern München gegen Borussia Dortmund kommen 59.567 Besucher. Weil das Spiel so schlecht ist, verlassen 25.683 Zuschauer vorzeitig das Stadion. Formuliere Frage und Antwort.
> **Schüler:** Warum ist das Spiel so schlecht?
>
> *Klasse 4*

**Aufgabe aus der Betriebswirtschaft:** Wie viele Instanzen gibt es in einem Unternehmen mit drei Hierarchieebenen und einer Leitungsspanne von vier? Wie viele Mitarbeiter hat das Unternehmen maximal?
**Antwort:** Das Unternehmen hat 37 Mitarbeiter, davon 36 Instanzen.

# »Ich wünschte, der Schüler wäre ein Elektron«

Wer **Physik** liebt, kann die verächtliche Ignoranz gegenüber dem Stoff, die sich in diesen Antworten offenbart, wohl nur schwer verkraften:

**Aufgabe:** Begründen Sie kurz, warum die Ionisierungsenergie für Wasserstoff im Grundzustand 13,6eV beträgt!
**Antwort:** Wären es weniger als 13,6eV, würde das Elektron auf einer oder zwischen stabilen Bahnen landen. Wären es mehr, würde es verschwinden.
*Klasse 13, Gymnasium*
(Korrekturkommentar des Lehrers: »Wie weg? Puff und weg?« Ich wünschte, der Schüler wäre ein Elektron …)

**Frage:** Warum kann man zwar eine 12V-Gleichspannung mittels eines elektrischen Widerstandes auf 6V herunterspannen – ein Kassettenrekorder, der 6V benötigt, funktioniert dennoch nicht einwandfrei?

**Antwort:** Weil es ein japanischer Kassettenrekorder ist.

*Klasse 10, Gymnasium*

**Frage:** Welche Bedingung muss erfüllt sein, damit ein Körper schwimmfähig auf Wasser ist?

**Antwort:** Der Kopf darf nicht schwerer sein als die Füße.

 *Die Dichte des Körpers muss geringer als die von Wasser sein. Hinzu kommt die Auftriebskraft. Außerdem spielt, zum Beispiel bei Schiffen, der Gewichtsschwerpunkt eine Rolle, damit etwas auf Wasser schwimmen kann.*

**Frage:** Was besagt die goldene Regel der Mechanik?

**Antwort:** Niuten = Kraft. Entschuldigung, ich weiß nicht, wie man das schreibt.

*Klasse 10, Gesamtschule*

Die international verwendete Maßeinheit für physikalische Kraft heißt Newton.

**Frage:** In Paris liegt die definierte Längeneinheit Urmeter. Warum gibt es kein Urkubikmeter?

**Antwort:** Weil sich die Uhr immer weiter dreht.

*Klasse 9*

Thema »Astronomie«:

**Frage:** Wie entsteht eine Mondfinsternis?
**Antwort:** Die entsteht, wenn die Sonne zwischen Erde und Mond steht.

 *Bei einer totalen Mondfinsternis wandert der Mond durch den Kernschatten der Erde und schimmert währenddessen rotbraun. Der Kernschatten ist der Bereich, in dem unser Planet das Licht der Sonne fast komplett abschirmt. Bei einer partiellen Mondfinsternis stehen Sonne, Erde und Mond in einer Reihe, der Mond taucht aber nur teilweise in den Kernschatten der Erde ein.*

**Frage:** Warum gibt es im Weltall keinen Schall?
**Antwort:** Weil dort die Bäume dicht an dicht stehen.

*Klasse 10, Hauptschule*

»Wärmestrahlung kann masturbiert werden.«

**Aufgabe:** Nenne drei optische Geräte.
**Antwort:** Mikroskop, Periskop, Horoskop.

*Klasse 9*

Auch rund um **berühmte Persönlichkeiten der Physik** gibt es intellektuelle Tiefflieger.

Aus einer Klassenarbeit:
»Marie Curie erfand die Radioaktivität und erhielt dafür einen Oscar.«
*Klasse 10*

»Albert Einstein bekam von Newton den Nobelpreis überreicht.«
*Sekundarstufe 2*

**Frage:** Wofür erhielt Niels Bohr im Jahr 1922 den Physik-Nobelpreis?
**Antwort:** Für die Erfindung der Bohrmaschine.

Liebe Schüler, liegt schon nahe, aber der Name ist leider nicht immer Programm. Korrekt wäre gewesen: für die Erforschung der Atomstrukturen und der Atomstrahlung.

**Aufgabe:** Nenne ein Beispiel für den freien Fall.
**Antwort:** Fahrstuhl.
*Klasse 10, Realschule*

**Ein Physiklehrer erzählt:**

»Mit einer zehnten Klasse führte ich im Unterricht Versuche durch, um die Erdbeschleunigung zu ermitteln. Nach der Auswertung sagte ich: ›Die Erdbeschleunigung wird auch mit dem Buchstaben g abgekürzt. 1g bedeutet somit einfache Erdbeschleunigung, 3g dreifache Erdbeschleunigung.‹

Mit plötzlich erhelltem Gesichtsausdruck meldete sich eine Schülerin: ›Auf meinem Handy steht auch ab und zu 3G! Hat das was damit zu tun?‹«

Weiter geht es mit dem Thema **Beschleunigung**, die übrigens auch einigen Schülerhirnen ganz guttun würde:

**Textaufgabe a):** Ein ICE beschleunigt in 1 Minute von 0 km/h auf 200 km/h. Welchen Weg hat er dabei zurückgelegt?

**Antwort:** 0,34 Meter.

*Klasse 11, Gymnasium*

**Textaufgabe b):** Ein ICE beschleunigt mit 0,5m/s – von 0 km/h auf 200 km/h. Welche Zeit benötigt er?

**Antwort:** 0,02 Sekunden.

*Klasse 11, Gymnasium*

(Kommentar des Lehrers: »In diesen Zügen möchte ich nicht sitzen!!!«)

Wenn es mal wieder ein wenig länger dauert: Auch die Geschwindigkeit eines Elektrons kann Kopfzerbrechen bereiten. Das Ergebnis der Berechnung eines Schülers: $5*10^{-32}$ m/s. Der trockene Lehrerkommentar dazu: »Diese Antwort muss einem doch zu denken geben. Sollte in einer Vielzahl von Milliarden Jahren das Universum in sich zusammenbrechen, so könnte es sein, dass unser Elektron bei dieser Geschwindigkeit seinen ersten Meter zurückgelegt hat.«

**Aus dem Alltag eines Lehrers:**
Wie bewertet man Quatsch, der aber offensichtlich nicht ohne Nachdenken zustande gekommen ist? Ein Physiklehrer aus Rheinland-Pfalz erzählt:
»Natürlich stand ich in meinen bisherigen neun Berufsjahren inklusive Referendariat schon vor der Aufgabe, Kreatives, aber Falsches zu benoten. Die Lösung ist ganz einfach: Man sieht sich seine Fragestellung genau an und überlegt, ob die Antwort des Schülers nicht vielleicht auch passen könnte, denn: In Mathematik und Physik sind 99 Prozent der falschen Antworten auf ungenaue oder schlechte Fragen zurückzuführen. Fast jeder kennt die Stilblüte, in der es in einer englischen Aufgabenstellung heißt ›find x‹, der Schüler einen Pfeil zum x im gegebenen Dreieck zeichnet und

schreibt ›here it is‹. Ein klassisches Beispiel für eine schlechte Fragestellung. Mir wäre es peinlich, so was zu veröffentlichen, da ich ja meinen Lapsus ebenfalls zur Schau stelle. Insofern könnte man der Fairness halber auch über eine Serie schlechter Lehrerfragen nachdenken.«

## Erdöl für den Salat

Viele Schüler finden **Chemie** noch schlimmer als Physik, weil es – so ihre Wahrnehmung – noch weniger mit ihrem Alltag zu tun hat. Doch das kann man ja leicht ändern, indem man sich irrwitzige Verknüpfungen ausdenkt.

> **Aufgabe:** Schreibe die passenden Elemente aus dem Periodensystem neben die richtige Abkürzung, zum Beispiel: »Fe«.
> **Antwort:** Feenstaub.
> *Klasse 9, Gymnasium*

Die richtige Antwort wäre Eisen gewesen. Denn Fe steht für Ferrum, das lateinische Wort für Eisen.

> **Frage:** Welche Informationen kannst du aus dem Periodensystem für das Element Chlor entnehmen?
> **Antwort:** Ich gar keine, wenn, dann Google!
> *Klasse 9*

**Frage:** Wofür steht im Periodensystem »Na«?
**Antwort:** Napalm?

*Klasse 9*


**Frage:** Welche Gemeinsamkeit haben organische Stoffe?
**Antwort:** Sie entstehen nur in lebenden Orgasmen.

*Klasse 10, Realschule*

Im Alltag könnte man aus einem gewissen Grundwissen in Chemie durchaus Vorteile ziehen. Die amerikanische Serie »Breaking Bad« hat das in jüngster Zeit anschaulich verdeutlicht: Der Chemielehrer Walter White avancierte zu einer der coolsten Figuren weltweit. Einige Lehrer bemühen sich ebenfalls, auf **praktische Seiten** ihres Faches hinzuweisen. Allerdings mit mäßigem Erfolg.


**Aufgabe:** Karls Kaffeemaschine ist verkalkt. Was würdest du ihm raten? Stelle eine dazu passende Reaktionsgleichung auf.
**Antwort:** Karl + Supermarkt = neue Kaffeemaschine.

*Klasse 9*

**Frage:** Wofür wird Erdöl verwendet?

**Antwort:** Salat!

*Klasse 9, Gymnasium*


**Frage:** Was ist Stahl?

**Antwort:** Stahl ist ein sehr harter Stoff, ohne den die Welt nicht so wäre, wie sie ist. Danke, Herr Stahl, für diese tolle Erfindung.


»Die Dichte eines Stoffes wird in °C gemessen.«

*Klasse 8, Hauptschule*


»Der wichtigste weiße Farbstoff ist Ruß.«

*Klasse 9, Hauptschule*


»Aus Wasser wird durch Oxidation Eiweiß.«

*Klasse 10, Hauptschule*


Und was, liebe neunte Klasse einer Hauptschule in Hessen, entsteht, wenn man Wasserstoff verbrennt?

**Antwort 1:** Wenn Wasserstoff verbrennt, entsteht Magnesium.

**Antwort 2:** Wenn Wasserstoff verbrennt, entsteht Kohlenstoff.

**Antwort 3:** Wenn Wasserstoff verbrennt, entsteht Sauerstoff.

**Antwort 4:** Kohlenstoff wird zu Wasserstoff, wenn man ihn verbrennt.

 *Bei der Verbrennung von Wasserstoff an der Luft bildet sich mit dem Sauerstoff der Luft Wasser. Die Gefahr dabei ist, dass aus den Sauerstoff- und Wasserstoffmolekülen, die sich nicht verbinden, ein explosives Gasgemisch entsteht: Knallgas.*

Wir verlassen nun die Welt der Bunsenbrenner und wenden uns anderen wichtigen Dingen im Leben von Schülern zu, wie »**Wirtschaft und Recht**«. Und wollen hoffen, dass der folgende Zitatgeber aus der neunten Klasse einer Hauptschule immer daran denkt, den Gasherd komplett auszuschalten: »Ich geh in die Gastronomie, dazu brauche ich keine Chemie!«

# Die »Abfuckprämie«: Wirtschaft und Recht

Besonders witzig, weil extra hinterhältig, sind überraschende Prüfungen. Keiner weiß, dass sie fällig sind, die Vorbereitung der Schüler ist gleich null und die Chance, sich noch schnell krankzumelden, bereits vertan. Schüler müssen in dieser Situation ihr ganzes Improvisationstalent aktivieren. Der folgende Output an Blödsinn ist für Lehrer natürlich oft verstörend. Trotzdem kennen sie keine Gnade, denn wenn sie schon selbst Qualen leiden, warum sollte es den Schülern anders gehen? Schülerin Saskia S. hatte sogar den Eindruck, dass ihre Lehrer an diesen Prüfungssituationen besondere (Schaden-)Freude hatten. So sollte sie einmal eine Seminarkursarbeit vor mehreren Prüfern vortragen und war extrem nervös. Just als sie loslegen wollte, stand der Fachlehrer auf: »Er sagte, er müsse erst mal Kaffee holen gehen«, erinnert sich Saskia. Es seien die längsten zehn Minuten ihres Lebens gewesen, berichtet die Schülerin. »Kaffee kochen dauert eben seine Zeit«, sagte der Lehrer, als er dann endlich angeschlendert kam. Wenn ein Fußballspieler beim Elfmeter den Schuss verzögert, um den Torwart zu irritieren, gibt es eine gelbe Karte. In der Schule wird unfaires Verhalten nicht bestraft. Das ist sicherlich nicht immer fair – ist es aber auch unrecht? Rechts- und Wirtschaftsfragen sollten diese Schüler eigentlich drauf- haben. Eigentlich.

# Im Kaufrausch

Kaufen, mehr kaufen, noch mehr kaufen: **Konsumgüter** sind für Jugendliche extrem wichtig. Doch wie läuft das mit den Einnahmen und Ausgaben? Was sind Steuern? Und ein Tarifvertrag? Solche Sachen sollten Schüler wissen, BEVOR sie ihre erste Gehaltsabrechnung in den Händen halten, oder?

**Frage:** Wie heißt eine staatliche finanzielle Ent- schädigung für das Verschrotten eines Fahrzeugs?
**Antwort:** Abfuckprämie.

*1. Berufsschuljahr*

**Frage:** Haben alle Länder der EU den Euro?
**Antwort:** Nein, die USA hat ja auch den Dollar.

*Klasse 9*

**Aufgabe:** Nennen Sie einen Nachteil der freien Marktwirtschaft.

**Antwort:** Man darf sich nicht freizügig in der Öffentlichkeit zeigen.

*Höhere Handelsschule*

**Aufgabe:** Erkläre die Begriffe »Preisindex« und »Warenkorb«.

**Antwort:** Der Preisindex ist eine Vorgabe, an die sich gehalten werden muss, und der Warenkorb ist dafür da, um Lebensmittel zur Kasse zu transportieren.

 *Als Warenkorb werden ungefähr 700 Güter und Dienstleistungen bezeichnet, die aus statistischer Sicht dem Durchschnittsverbrauch eines Privathaushalts in einem bestimmten Zeitraum entsprechen. Dazu zählen Nahrung, Bekleidung, aber auch Elektrizität und Kultur.*

Aus einer Klassenarbeit zum Thema »Kaufvertrag«:
»Erfüllungsort ist der Ort, an dem Schuldner und Gläubiger ihr Geschäft verrichten.«

*Unterstufe, Höhere Handelsschule*

**Frage:** Was sind Kennzahlen?

**Antwort:** Das sind Zahlen, die man kennen muss.

*Klasse 13, Wirtschaftsgymnasium*

**Frage:** Wie lautet der erste Artikel im Grundgesetz?

**Antwort:** Die.

*Klasse 8*

Frage in einer Klassenarbeit der Berufsschule:
Was bedeutet die Abkürzung Schufa?
**Antwort:** SCHUldenFAlle.

*2. Ausbildungsjahr Industriemechaniker*

**Frage:** Wer ist für das Aushandeln der Tarifverträge zuständig?
**Antwort:** Die Stadt.

*Klasse 10, Realschule*

Schüler hängen ständig an ihren Smartphones? Stimmt. Und sind bestens informiert über Handytarife und -gebühren, haben aber keine Ahnung von Arbeitsrecht? Stimmt leider auch:

**Frage:** Was versteht man unter den »Tarif-partnern«?
**Antwort:** Die Tarifpartner von D2 sind zum Beispiel Vodafone und Debitel.

*Klasse 9, Realschule*

Aus einem Eignungstest für Auszubildende einer Verwaltungsschule:
**Aufgabe:** Nennen Sie die Tarifparteien.
**Antwort:** E-Plus, D1 und Vodafone.

**Aufgabe:** Nennen Sie die beiden Arten von Tarif-verträgen, und beschreiben Sie kurz deren Inhalt sowie deren Laufzeit.

**Antwort:** Es gibt einen Vertrag für das Handy und einen Vertrag für Minutenpreise/SMS. Die Laufzeit ist 24 Monate.

*1. Lehrjahr Bürokauffrau, kaufmännische Berufsschule*

**Aus dem Leben eines Lehrers:**
Klausuraufgabe in einer Berufsschule: »Welche Kriterien legen Kreditkartenunternehmen bei der Vergabe von Kreditkarten zugrunde?« Eine Schülerin versteht die Fragestellung nicht und bittet den Lehrer, die Frage in einfacheren Worten zu wiederholen. Lehrer T. daraufhin: »Mastercard! Was checken die, ob ich eine krieg'?« Die Schülerin sagt: »Ach so« – und schreibt alle erforderlichen Prüfkriterien fehlerfrei auf.
Sollte man also einiges nicht zu wörtlich nehmen?

# »Trunkenheit ist eine Straftat«

Wer als Sozialassistent arbeiten will, muss eine zweijährige Ausbildung an einer Berufsfachschule absolvieren. Später können Sozialassistenten laut Bundesagentur für Arbeit dann in der Familien-, Heilerziehungs- und Kinderpflege arbeiten, »wo sie hilfsbedürftige Personen betreuen, unterstützen und fördern«. Zu dieser Arbeit gehört also auch ein **Grundwissen in Rechtsfragen** – schließlich gehen Sozialassistenten mit ihren Klienten sicherlich auch mal zu Ämtern, vor Gericht oder zur Polizei. Doch können die das? Ein Lehrer, der an einer Berufsfachschule für angehende Sozialassistenten die Fächer Sozial- und Rechtskunde unterrichtet, hat Prüfungsantworten seiner Schüler gesammelt.

> **Frage:** Was ist eine unerlaubte Handlung?
> **Antwort 1:** Eine unerlaubte Handlung ist eine Straftat zu begehen und anschließend Buße zu tun.
> **Antwort 2:** Eine unerlaubte Handlung ist ein Schadensersatz.
> **Antwort 3:** Eine unerlaubte Handlung steht im BGB.
> **Antwort 4:** Eine unerlaubte Handlung ist die Handlung, die man begibt, wenn man z. B. einen die Reifen klauen tut am Auto.

**Antwort 5:** Bei einer vorsätzlichen Handlung war die Person geistig dabei, sie wusste, was sie machte. Hierbei gibt es aber Ausnahmen.

**Frage:** Und was ist eine juristische Person?
**Antwort 1:** Eine juristische Person ist eine Person, welche im Gericht arbeitet. Dass man den Status einer juristischen Person erhält, muss man Jura studiert haben.
**Antwort 2:** Eine juristische Person ist man mit der Vollendung der Geburt, wenn das erste Mal Blut im Kreislauf war.
**Antwort 3:** Bei der natürlichen Person kann die Rechtsfähigkeit vererbt werden, auch wenn man noch nicht auf der Welt ist.

*Das Bürgerliche Gesetzbuch bezeichnet Menschen als natürliche Personen. Juristische Personen sind hingegen keine Lebewesen, sondern unter anderem Vereine, Stiftungen oder Aktiengesellschaften – diese haben auch Rechte und Pflichten und sind damit rechtsfähig. Vertreten werden sie zum Beispiel von ihrem Vorstand, der wiederum – so die Idee – nicht ohne weiteres persönlich für Schulden der juristischen Person haftbar gemacht werden kann.*

Und wie schaut es aus mit den Rechten, wenn man noch nicht erwachsen ist? Wenn man endlich 18 Jahre alt geworden ist? Oder wenn man zu viel getrunken hat?

»Geschäfte dürfen nur mit Erlaubnis der Eltern etwas kaufen.«

»Wenn man das 18. Lebensjahr erreicht, muss man alles selber machen.«

»Bei Trunkenheit ist die Deliktfähigkeit ausgeschlossen – man kann dafür nicht verantwortlich gemacht werden.«

»Trunkenheit ist eine Straftat.«

Wer andere Menschen in Sozialfragen beraten will, braucht ein Minimum an Wissen über **Arbeitsrecht**, **Eherecht** und wahrscheinlich auch hin und wieder **Erbrecht**. Doch vieles, was man braucht, hat man nicht. Leider.

Aus einer Klausur zum Thema »Arbeitsrecht«:
»Beim Abschluss eines Dienstvertrages ist die Folge die Kündigung meiner Arbeitsstelle.«

Aus einer Klausur zum Thema »Eherecht«:
**Antwort 1:** »Um eine Scheidung aufzulösen, muss vorher eine Ehe stattgefunden haben.«

**Antwort 2:** »Das Trennungsjahr ist eine Zerrüttung und muss mindestens eingehalten werden.«

Aus einer Klausur zum Thema »Erbrecht«:
**Antwort 1:** »Es darf keine Kinder, Engel und Eltern mehr geben.«

**Antwort 2:** »Der Mann muss nicht zwanghaft tot sein.«

Tja, man muss auch nicht zwanghaft doof sein, oder? Auch wenn Zahlen und Paragraphen für viele nichts als Langeweile bedeuten: Wer sie so gar nicht deuten kann, hat meist schneller Ärger mit ihnen als gedacht. Manchmal lernt man eben doch fürs Leben …

DU SCHAFFST ES, TIMMY!
Let's go, Sarah!
Viel Glück beim Abi, Judith!
DU HAST DEIN BROT VERGESSEN, TORBEN!
H&B

# Reifeprüfung? Die besten Fehler aus dem Abitur

Abi, endlich! Der höchste Schulabschluss verspricht: Freiheit. Freiheit. Und noch mehr Freiheit. Alles ist plötzlich möglich: ein Studium. Ein Auslandsjahr. Eine eigene Wohnung. Das echte Leben – ganz ohne Zwänge durch Eltern oder Lehrer – beginnt genau: jetzt. Wer sein Abitur in der Tasche hat, fühlt sich erwachsen, unbesiegbar – und superschlau. Dass Eigen- und Fremdwahrnehmung häufig nicht deckungsgleich sind, bekommen jedoch spätestens die Profs an den Universitäten oder die Ausbildungsleiter in Unternehmen zu spüren. Sie beschweren sich über mangelnde Rechtschreibkenntnisse, eine schlechte Allgemeinbildung oder zu wenig Abstraktionsvermögen bei den Studenten oder Auszubildenden. Kein Wunder, denn: Viele Wege führen zum Abitur – und trotz Unwissens durch Prüfungen. Erste Möglichkeit: Lernen (geht theoretisch immer, praktisch eher selten). Zweite Möglichkeit: Schummeln (geht fast immer). Dritte Möglichkeit: Kreative Lösungen finden (geht immer). Dann wird der Papst kurzerhand zum Atheisten erklärt, Goebbels zum Präsidenten der DDR, und Faust befriedigt sich, ach, lesen Sie selbst: Die gesammelten Schrottsätze aus Abiturprüfungen.

# Ist das auch Bio?

Plötzlich ist es so weit: Man sitzt in der Abiprüfung – doch wo ist nur das ganze Wissen hin, über Nahrungsketten, die Evolution und Entfernungen?

**Aufgabe:** Erstellen Sie eine Nahrungskette im Ökosystem See.
**Antwort:** Glieder einer Nahrungskette im See sind Algen, Flohkrebse, Thunfisch, Hai und der Mensch als Endkonsument.

*Abiturklausur-Aufgabe in Biologie*

»Da in der Tiefsee den Pflanzen Licht für Fotosynthese fehlt, machen sie mit Leuchtstoffen welches selbst.«

*Aus einer Biologie-Abiturklausur zur Tiefsee*

Und hier kommt der Beweis für die wissenschaftliche Erkenntnis, dass Blackouts im Gehirn häufig mit einem Kreativitätsschub einhergehen:

»Nach Lamarck wedelten Dinosaurier so lange mit den Armen, bis sie Flügel bekamen.«

*Aus einer Biologie-Abiturklausur zur Evolution der Vögel*

# Wie bitte?

Der Begriff »Abitur« stammt, woher sonst, aus dem Lateinischen. *Abire* heißt abgehen, die neulateinische Form *abiturire* bedeutet abgehen werden – sprachlich geht bei diesen angehenden Abiturienten aber leider nicht so viel ab:

> »What he don't know, doesn't make him hot, as we say in Germany.«
> *Aus einer Fachabiturprüfung Englisch*

> »The American Dream means that you want to become really big.«
> *Aus einer Abiturprüfung Englisch*

Die Amerikaner träumen davon, richtig fett zu werden? Na gut, in einer Fremdsprache macht man vielleicht schneller Fehler. Doch auch in ihrer Muttersprache drehen einige schon vor der Abi-Entlassungsparty frei.

> Aus einer Abiturklausur in einem Deutsch-Leistungskurs zum Thema »Literatur in der Bundesrepublik Deutschland nach 1945«:

»Schriftsteller in den 50er Jahren waren nur erfolgreich, wenn sie mit Glied in der Gruppe 47 waren.«

Aus einer Abiturklausur Deutsch über den Roman **Faserland** von Christian Kracht:
»Der Protagonist aus ›Faserland‹ erscheint eher naiv, oberflächig und suchend.«

# Gretchen übergab sich

**Fremdwörter** und **poetische Formulierungen** können klug wirken – wenn sie an der passenden Stelle vorgebracht werden und der Sprechende oder Schreibende weiß, was sie wirklich bedeuten. In allen anderen Fällen ist ihre Nutzung mindestens gewagt.

Aus einer mündlichen Abiturprüfung in Deutsch über *Faust I*:
»Faust ging in die Natur, um sich selbst zu befriedigen.«

Dass Goethes *Faust* keine leichte Kost ist, weiß jeder. Doch muss man deshalb gleich schamlos werden?

> Aus einem Abituraufsatz zu *Faust I*:
> »Gretchen im Kerker übergab sich in die Hand Gottes.«
> (Randbemerkung des korrigierenden Lehrers: »Igitt!«)

Auch der *Ödipus* des Sophokles gehört zur Weltliteratur; viele Schüler kommen in den Genuss dieses griechischen Dramas, in dem es – Drama, Drama – zahlreiche Verwicklungen, Tode und viel Schmerz gibt: Iokaste heiratet Ödipus, ohne zu wissen, dass er ihr eigener Sohn ist. Als sie die Wahrheit erfährt, erhängt sie sich, Ödipus nimmt sich das Augenlicht. Viel Licht am Ende des Tunnels gab es in dieser Abiprüfung allerdings auch nicht:

> »Iokaste erreicht ihren Höhepunkt als erste, danach ersticht sie sich.«

# »Jesus kommunizierte oral«

Wir sind mal so frei, Kunst darf schließlich alles, oder? Nun ja. Spätestens, wenn es um Fakten geht, wenn geschichtliche Zusammenhänge eine Rolle spielen, sollte man der eigenen Phantasie ein paar Grenzen setzen. Auch im Abitur.

> **Aufgabe:** In einer Abiturklausur im Fach Kunst soll die Marmorstatue »Adam« des Bildhauers Tullio Lombardo beschrieben werden.
> **Antwort:** Adam sieht recht fit und muskulös aus. Dies liegt sicherlich an seiner guten Ernährung – den Apfel hält er ja noch in der Hand.

In einer mündlichen Abiturprüfung in Geschichte wird eine Karikatur gezeigt.

> **Frage:** Wer ist die weglaufende Person auf dem Bild?
> **Antwort:** Goebbels, der Präsident der DDR.

Und in einer Abiturprüfung in Politik wird mal eben der Geist mit der Kirche verwechselt:

»John Locke gilt als Vertreter des geistlichen Libera-
lismus.«

Es geht sogar noch wilder.

Abiprüfung Religion, Fazit nach einem Ratzinger-
Text:
»Ratzinger ist Atheist.«

 Joseph Ratzinger war von 2005 bis zu seinem
Amtsverzicht 2013 Papst und damit Oberhaupt der
katholischen Kirche. Als Papst Benedikt XVI. war er
der erste Deutsche auf dem Stuhl Petri seit dem
Jahr 1523.

Und auch diese Schülerin meinte es während ihrer Abiturprüfung in evangelischer Religionslehre besonders gut:

»Jesus wollte keine Gewalt. Er kommunizierte oral.«

Wie diese Schüler benotet wurden, ob sie ihr Abitur wirklich gepackt haben? Wir wissen es nicht. Einige von ihnen
werden bestimmt noch immer rot, wenn sie an ihre Prü-
fungs-Fauxpas denken. Andere werden gar nicht wissen,
was sie falsch gemacht haben – und ein verwirrter Schüler
ist vielleicht immer noch der Meinung, dass man das deutsche Sprichwort »Was ich nicht weiß, macht mich nicht
heiß« wortwörtlich ins Englische übersetzen kann.

# »Schosch Dabellju Busch«: Absurde Schreibfehler

Im eigenen Haus der Sprache wähnen sich Schüler in Sicherheit, schließlich bewegt er sich darin bereits seit vielen Jahren. Doch nicht jeder wohnt in einem Palast der Wörter – viele haben es sich in einer Einraumwohnung gemütlich gemacht. Oder hausen in einem kargen Keller von Formulierungen. Die logische Gliederung von Gedanken, Rechtschreibung und korrekte Syntax der deutschen Sprache bieten endlos viele Fallstricke. Besonders fies wird es, wenn es im Unterricht um fremdsprachige Namen geht. Dann werden die ohnehin häufig sehr kreativen Antworten auch noch mit einer äußerst kreativen Rechtschreibung kombiniert – und die Ergebnisse lassen die Lehrer zunächst ratlos und später – wenn sie erkannt haben, was gemeint war – verzweifelt zurück. Man kann mäkeln: Schüler lernen Rechtschreibung nur noch nach Gehör und nicht mehr nach Regeln; sie tippen nur noch Abkürzungen und Emoticons ins Handy, statt mal eine Postkarte an die Oma zu schreiben; sie schauen lieber Filmchen auf YouTube, statt Bücher zu lesen – kein Wunder, dass die Jugend der deutschen Sprache nicht mehr mächtig ist. Man kann das aber auch einfach mit Humor nehmen.

# Rätselraten

Manches ist so unfassbar falsch geschrieben, dass die Lehrer große Mühe haben zu entziffern, was die Schüler gemeint haben könnten.

Aus einer **Klassenarbeit** zum Thema »Bahn«:
»Der Teschewe ist sehr bekwem.«
*Berufsschule Reiseverkehrskaufleute*
Soll heißen: Der französische Hochgeschwindigkeitszug TGV ist sehr bequem.

Aus einem **Englischdiktat** über den 11. September 2001:
»Vertraitzenta.«
*Klasse 11, Höhere Handelsschule*
Soll heißen: World Trade Center.

Auf die **Frage** nach dem Berufswunsch:
»Elkawehmeschaniger.«
*Klasse 6, Mittelschule*
Soll heißen: LKW-Mechaniker

**Aufgabe:** Benennen Sie die I., IV. und V. Stufe einer Tonleiter mit den Namen der Funktionstheorie.

**Antwort:** Toni K, Subbie, Domina.

Die Stufen heißen: Tonika, Subdominante und Dominante.

**Aus dem Alltag eines Lehrers**

Ein ehemaliger Hauptschullehrer aus Nordrhein-Westfalen erzählt: »Mit einer zehnten Klasse übte ich, Bewerbungen zu schreiben. Unter ›Beruf der Mutter‹ schrieb eine Schülerin ›getnen‹. Wir haben im Kollegium lange gerätselt, bis wir irgendwann verstanden haben, was sie meinte: Man muss das Wort nur mit langen Vokalen und getrennt aussprechen: Die Mutter geht nähen, ist also Näherin.«

Und Namen, ja Namen, sind die nicht eh nur Schall und Rauch? Nun ja.

Ein amerikanischer Präsident hieß:

»Schosch Dabellju Busch.«

Der Mount Everest kommt als höchster Berg der Erde immer mal wieder im Unterricht vor. Man kann ihn aber auch so schreiben:

**Antwort 1:** »Month Everes.«
**Antwort 2:** »Mountefererst.«
**Antwort 3:** »Mountewerwest.«

*Klasse 5*


**Aufgabe:** Nenne einen bedeutenden Dichter Englands.
**Antwort:** Shakesbeer.

*Klasse 8*


Oder auch so:


»Die West Side Story, das ein modernes Romeo und
Julia von shakes Bier sein soll...«

*Klasse 7, Gymnasium*


**Frage:** Was passierte am 9. November 1939?
**Antwort:** Die Reichs-Chrystal-Nacht.

*Klasse 8*

 *In der Reichskristallnacht, auch Reichspogrom-
nacht genannt, überfielen Nazi-Schergen in ganz
Deutschland jüdische Geschäfte und Synagogen.*


Aus einer Geschichtsklausur über den Freiheits-
kämpfer Che Guevara:
»Chiwawa.«

*Klasse 10, Realschule*

Aus einer Arbeit zum Thema »Kreuzzüge«:

»Die Kreuzritter zogen nach Heiligenstedten.«

*Klasse 7, Gymnasium*

*Eigentlich zogen die Kreuzritter zu den heiligen Stätten. Heiligenstedten hingegen ist ein Dorf in Schleswig-Holstein, nahe dem Standort der Schule, an der die Arbeit geschrieben worden ist.*

# Wider erwarten wir meine Tante

Ein kleiner Buchstabe ist es manchmal nur, der den Sinn eines Wortes und damit eines ganzen Satzes verändert. Und seine Leser zuerst verwirrt und dann schmunzeln lässt.

Aus Erdkunde-Klausuren:

»Der Wasserspiegel singt.«

»In Koblenz, wo Rhein und Mosel auseinander-
fliesen ...«

*Klasse 13*

Aus einem Erlebnisaufsatz:

»Wir fuhren in einen Tierpark, wo wir Tiere futtern konnten.«

*Klasse 5, Gymnasium*

Aus einem Praktikumsbericht:

»Ich wurde an der Pfote abgeholt.«

*Klasse 9*

Aus einem anderen Praktikumsbericht:

»Vor der Untersuchung bekam der Junge ein Zöpfchen.«

*Klasse 9*

»In Rechtschreibung und Zeichensetzung bin ich auf Fordermann.«

*Klasse 9, Gymnasium*

**Aufgabe:** Bilde einen Satz mit »wider Erwarten«.
**Antwort:** Wider erwarten wir meine Tante.

*Gymnasium*

**Aufgabe:** Beschreibe die sprachlichen Auffälligkeiten des Satzes »R&B-Balladen pumpen aus 'nem parkenden Benz«.
**Antwort:** Damit sind die Abgase gemeint, die aus dem Puff des Autos kommen.

*Klasse 10, Gymnasium*

Handelt es sich hier vielleicht um ein »Mistverständnis«, wie ein Siebtklässler in Deutsch schrieb? Doch selbst beim Lieblingsthema vieler Jugendlicher geht so einiges daneben:

Aus einer Klassenarbeit:
»Charmehaare.«
*Klasse 7, Realschule*

»Der Nachteil des Kondoms: Es kann reisen.«
*Klasse 7, Realschule*

»Beim Kondom muss man auf die Größe achten und ob es reizt.«
*Klasse 7, Realschule*

»Leoparden werden auf einer Festplatte geboren.«
*Klasse 5, Realschule*

»Der Keuchhusten stellte eine akustische Ansteckung für die Kinder dar.«
*Klasse 12*

**Aufgabe:** Personenbeschreibung anhand eines Fotos.
**Antwort:** Über ihrer Stirn hängt ein braunes, gerades Pony.
*Klasse 7, Gymnasium*

**Frage:** Welche olympischen Disziplinen gab es in der Antike?

**Antwort:** Laufen, Springen, Discos werfen.

*Klasse 9, Hauptschule*

**Frage:** Wo arbeitet die Diakonie?

**Antwort:** In alten Heimen und behinderten Schulen.

*Klasse 9, Realschule*

Wehr jetzt noch kann, plättert bitte eine Saite weiter. Fiel Spahß mit dem **allgemeinen Unwissen** der Anderen.

Haha, die Ahnungslosigkeit meiner Schüler ist manchmal köstlich!
Naja ... im Grunde arme Geschöpfe ...
Es bringt ihnen ja auch niemand was bei.
H&B

# »Meine Konfession ist 75B«: Allgemein(un)wissen

In was für einer Welt leben wir eigentlich? Die vielen Fakten über unsere Gesellschaft, unseren Lebensraum und dessen Organisation – das alles erscheint so manchem Schüler wie eine Menge toter Informationen, die nichts mit dem eigenen pulsierenden Leben zu tun haben. Und wenn es keinen persönlichen Bezug oder nicht einmal einen Hauch von Interesse an bestimmten Themen gibt, merkt sich das Gehirn diese nur äußerst ungern. Im Unterricht helfen dann nur noch geniale Querschläger. Schülerin Mila D., 18, hat für Fragen, von denen sie keine Ahnung hat, mehrere Strategien. Die schlechteste davon ist abzuschreiben – das fliegt sowieso meist auf. Die zweite, etwas bessere Methode: Raten. Am besten sei es aber, der Phantasie einfach freien Lauf zu lassen, findet Mila: »Hauptsache, am Ende steht viel Text auf dem Papier. So schreibe ich statt der geforderten Definition einer Eisdecke eine Geschichte über ein Baby, das Breakdance übt.« Arme Lehrer. Aber noch schlimmer: Wie Schüler mit dieser Einstellung ihr Leben nach der Schule meistern sollen, mögen wir uns gar nicht vorstellen.

# Ich mach mir die Welt

… widdewidde wie sie mir gefällt, sang Pipi Langstrumpf. Je jünger ein Mensch, desto Ich-bezogener ist er meist. Im besten Fall ändert sich das im Laufe des Lebens. Richtig schwierig wird es, wenn Jugendliche vor lauter Ich-Bezug den Realitätsbezug verlieren und vielleicht gerade noch so eben wissen, wer sie sind, aber ganz und gar ausblenden, was diese komische Welt um sie herum von ihnen wollen könnte.

**Schülerfrage:** »Da steht ›Begründe deine Meinung‹. Muss ich das dann grün anmalen?«

*Klasse 4, Grundschule*

**Frage:** Sollte das Sitzenbleiben in der Schule abgeschafft werden?
**Antwort:** Ich bin dagegen, denn dann müssten die Schüler die ganze Zeit stehen und würden öfter durch die Klasse laufen.

*Klasse 8, Gymnasium*

**Aus dem Alltag eines Berufsschullehrers:**

Erstes Lehrjahr in einer Berufsschule, die angehenden Rechtsanwaltsfachangestellten schreiben eine Klausur. Das Thema: Familienstände. Die Aufgabe: Der Begriff »Single« soll erklärt werden, zudem sollen in drei freie Kästchen drei mögliche Beispiele für den Familienstand »Single« eingetragen werden. Die Antwort einer Schülerin: Cousine, Tante, Schwester.

Dazu sagt der Lehrer: »Die Definition von Single, also alleinstehend, hat die Schülerin noch hinbekommen. Doch die Beispiele? Hier hat die junge Damen einfach Verwandte eingetragen, die derzeit keinen Partner haben – für sie ist ihre Tante also ein Ehestand. Richtig wäre gewesen – und so wurde es im Unterricht selbstverständlich auch erklärt: ledig; verwitwet; geschieden.

Was Schüler, aber auch Bewerber oder Auszubildende sonst noch durcheinander bringen:

Aus einem Einstellungstest:
**Frage:** Sind Sie mobil?
**Antwort:** Ja: 0174 56 …

Englischprüfung zum Mittleren Schulabschluss:

**Aus einem Fragebogen zum Geschlecht: Sex?**

**Antwort:** Yes. I like it!

*Klasse 10*

Aus einem Personalfragebogen:

**Frage:** Geburtsort?

**Antwort:** Marienhospital.

Richtig anarchistisch wird es, wenn in Personalfragebögen nach der Konfession oder dem Bekenntnis – also der Religionszugehörigkeit – gefragt wird.

**Frage:** Konfession?

**Antwort:** Weiblich.

**Frage:** Konfession?

**Antwort:** 75 B.

**Frage:** Bekenntnis?

**Antwort:** Bayern-Fan.

Fach »Verbraucherbildung«, Thema: Sicherheit in der Küche.

**Frage:** Was tust du, wenn sich das Fett doch entzündet?

**Antwort:** Ich gehe zum Arzt. Ich weiß ja nicht, ob es nicht vielleicht doch was Schlimmes ist.

*Klasse 7, Gemeinschaftsschule*

**Frage:** Was ist der Vorteil von Lagerung auf dem Boden?

**Antwort:** Man muss weniger kehren.

*Berufsschule für Lageristen*

Gespräch an einer Hauptschule:

**Schüler:** Verdient man viel als Amateur?

**Lehrer:** Du meinst sicherlich Animateur?

**Schüler:** Ja, scheiße, Amateur ist ja ein Klempner.

(Kommentar des Lehrers: »Hintergrund der zweiten Verwechslung ist wohl das Wort ›Armatur‹.)«

# Verrückte Welt um mich herum

Huch, was passiert eigentlich in dem Land, in dem wir leben? Nebenan bei den Nachbarn? Und generell so politisch, gesellschaftlich und kulturell? Schwierig zu beantworten, wenn der Blick nur bis zur eigenen Nasenspitze reicht.

**Frage:** Für welche Gruppe von behinderten Menschen gibt es das barrierefreie Web?
**Antwort:** Für die Mongolen.

*Wirtschaftliches Berufskolleg*

Aus einer Klausur zum Thema »Gleichberechtigung von Männern und Frauen«:
»Männer sind im Beruf nicht bereit, Abstriche machen zu lassen.«

*Klasse 12, Gymnasium*

Thema »Demographischer Wandel«, Zitate aus einer elften Klasse:
»Die Berufswelt auf dem Land ist relativ einfach und setzt sich aus Ackerbau, Viehzucht und kleineren Handwerksbetrieben zusammen.«

»Schon seit längerem ist zu beobachten, das deutsche Volk stirbt aus, im übertriebenen Sinn.«

In der Kunst ist alles erlaubt – das nehmen diese Schüler sehr wörtlich:

»Ein Mezzosopran ist nur ein halber Sopran und verdient auch nur halb so viel.«

Auch einem berühmten Komponisten wird etwas angedichtet:

»Georg Friedrich Händel wurde in einer Halle an der Saale geboren.«

**Aufgabe:** Nenne drei Streichinstrumente.
**Antwort:** Geige, Bratsche, Limoncello.
*Klasse 4*

Aus einer Kunstarbeit:
»Dieses Bild ist entstanden, nachdem sich Vincent van Gogh ein Ohr abgebissen hat.«
*Klasse 10, Gymnasium*

Aus einem Referat im Fach Kunst:
»Keith Haring änderte seinen Malstil, als er von seinem Tod hörte.«
*Klasse 12*

Und ansonsten? Sind alle Energieprobleme gelöst, denn:

»Aus dem Auspuff eines Autos kommt Erdgas!«
*Klasse 9, Hauptschule*

»Die LKW-Maut wirkt schlafstörend und gehörschädigend.«

**Frage:** Der Notruf der Feuerwehr?
**Antwort:** Tatütata.
*Grundschule*

**Frage:** Welcher ist der kürzeste Monat?
**Antwort:** Mai.

*Klasse 2, Grundschule*

Thema »Bronzezeit«:
»Bronze besteht aus 90 Prozent Kupfer und 10 Prozent Zimt.«

*Klasse 6*

Richtig wäre gewesen: 10 Prozent Zinn.

**Aus dem Alltag einer Lehrerin:**
»Wir singen das Lied ›Geh aus mein Herz und suche Freud‹. In diesem Lied kommt die ›Lerche‹ vor, die sich in die Luft schwingt. Die Kinder wissen nicht, dass es ein Vogel ist. Ich frage, wer noch andere Vogelarten kennt. Ein Mädchen meldet sich und meint, sie kenne die ›Schnapsdrossel‹.«

Lückentext zum Thema »Nutztiere«:
»Aus den Klauen und Hörnern wird … DÖNER …. gemacht.«

*Klasse 2*

Obwohl hier natürlich Dünger gemeint war und nicht Döner, gab die Lehrerin trotzdem die volle Punktzahl.

**Frage:** Erklären Sie den Unterschied zwischen kochen und pochieren.

**Antwort:** Man kocht z.B. Nudeln, damit sie weich und zu Bolognese werden.

*Ausbildung zum Hotelfachmann, Berufsschule*

Schüler berichten von Berufspraktika, während derer sie Betriebsangehörige nach ihren Werdegängen befragen sollten:

»Und dann hat er zwei Jahre als Gazelle gearbeitet.«

Gemeint war natürlich: Geselle.

Schüler sollen im Unterricht verschiedene Teile einer Zeitung lesen und vorstellen.

**Schüler 1:** »Feuilleton – was soll denn das sein?«

**Schüler 2:** »Feuilleton? Das ist doch eine Stadt in Frankreich, oder?«

*Klasse 10*

**Aus dem Alltag eines Lehrers:**

»Wenn ich Falsches benoten muss, ist der Fall leider meistens recht eindeutig – selbst wenn das Falsche kreativ war: Falsch ist halt falsch und wird von mir auch so bewertet. Ich gebe dann keine Punkte, schreibe aber oft einen Kommentar dazu oder bespreche später mit den Schülern und Schülerinnen, dass die Antwort zwar falsch, die Überlegung aber eigentlich gut war. In meinem Lehreralltag sind viele lustige Aussagen und Antworten der Schüler allerdings weniger auf kreative Lösungsansätze zurückzuführen, sondern eher auf sprachliche Probleme. Wir haben an unserer Schule hier in der Schweiz einen sehr hohen Ausländeranteil, da passieren zwischendurch halt immer mal wieder lustige Versprecher. Was mir aber abgesehen davon auffällt: Viele Schüler an meiner Schule haben ein wahnsinnig schlechtes Allgemeinwissen – da ergeben sich in Kombination mit den sprachlichen Schwierigkeiten manchmal sehr lustige falsche Antworten. Ein Beispiel: In einer Spielstunde in der achten Klasse fragte ich bei einem kleinen Quiz, von welchem Vogel man sage, er bringe die Kinder. Schülerantwort: ›Der Strolch!‹«

# Verrückte ferne Welt

Wenn sich Schüler schon nicht für ihr eigenes Land interessieren, was kann man da von ihren Kenntnissen über andere Länder und Kulturen erwarten? Nicht viel. Weiter geht es mit dem allgemeinen Unwissen.

**Aufgabe:** Erarbeite anhand des Textes ein Kurzreferat zum Thema »Weihnachten in Holland«.

Schüler in der darauffolgenden Woche:

Ich konnte das Referat nicht vorbereiten, weil im Text nur etwas über die Niederlande stand.

*Klasse 9, Realschule*

**Frage:** Was ist Katharsis?
**Antwort:** War da nicht Hannibal?

*Klasse 11, Gymnasium*

Aus einer Klassenarbeit:
**Frage:** Was heißt NATO?
**Antwort:** Nord-Atlantik-Pack.

*Klasse 10, Realschule*

 *NATO steht für »North Atlantic Treaty Organization«, der sogenannte Nordatlantikvertrag, oder auch Nordatlantikpakt, ist ein Sicherheitsbündnis, dem mittlerweile 28 Staaten angehören.*

Aus einer Leistungskursklausur über Asylrecht:
»Es ist verheerend, wenn zu viele Menschen aus der südlichen Erdhälfte in die nördliche auswandern. Dadurch entsteht auf der Erde ein Ungleichgewicht und sie gerät aus ihrer Umlaufbahn, mit katastrophalen Folgen.«

*Klasse 12, Gymnasium*

Katastrophal ist hier wohl eher das grenzenlose Unwissen. Kommen wir zur nächsten Katastrophe – der Atomunfall von Fukushima:

**Frage:** Warum tätigten viele Japaner Hamsterkäufe?
**Antwort:** Die hatten ja plötzlich kein Strom mehr. Deswegen stellten sie jede Menge Hamsterräder mit laufenden Hamstern auf und produzierten so wieder Energie.

*Klasse 10*

**Aus dem Alltag einer Lehrerin:**

»Im Unterricht sprach ich mit meiner zweiten Klasse über das Tote Meer. Die Kinder stellten es sich unglaublich spannend vor, dass man dort beim Baden nicht untergeht, und wollten einen Klassenausflug dorthin unternehmen. Nach einiger Zeit meldete sich ein Schüler und sagte: ›Ach, wir können ja doch nicht ans Tote Meer fahren, denn es ist ja gestorben!‹«

Thema »Landkarten«:

**Frage:** Was ist eine Legende?

**Antwort:** Franz Beckenbauer.

*Klasse 8*

Thema »Literatur«:

**Frage:** Wer war Wilhelm Busch?

**Antwort:** Der 40. Präsident der USA.

Thema »Musik«:

**Frage:** Wie ist der Vorname von Verdi?

**Antwort:** Monte.

»Beethoven wurde mit 200.000 Leuten auf dem Wiener Zentralfriedhof beerdigt.«

*Klasse 4, Grundschule*

Thema »Kunst«:

»Vincent van Goth begann im Alter von 37 den Selbstmord.«

*Klasse 7, Realschule*

Thema »Zoologie«:

**Frage:** Was wissen Sie über Vampire?
**Antwort:** Die gab es nur im Mittelalter.

*2. Lehrjahr, Berufsschule*

**Aus dem Alltag eines Lehrers:**

»In einer 10. Hauptschulklasse ritt mich irgendwann bei einem schriftlichen Test der Teufel, und ich formulierte am Ende der Arbeit, etwas abgetrennt unter ›Allgemeinwissen‹, drei Fragen:

● Woraus besteht die Milchstraße?
● Was kocht man auf einem Gaskocher?
● Welche Farbe hat die Golden Gate Bridge?

Natürlich bekam ich mehrfach die Antworten ›Milch‹, ›Gas‹, ›gold‹!«, berichtete uns der Lehrer. Auf Dauer sind solche Erlebnisse offenbar auch für die Pädagogen frustrierend. Dieser Lehrer jedenfalls sagt: »Es verwundert mich nicht mehr, dass Unternehmen immer häufiger das allgemeine Unwissen ihrer Auszubildenden beklagen. Ich kann dem nur zustimmen.«

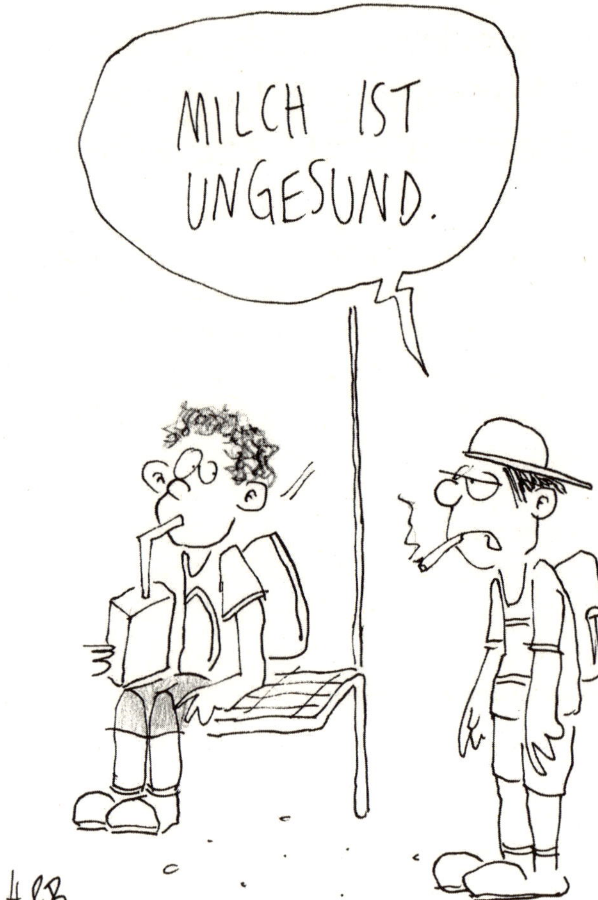
MILCH IST UNGESUND.
H&B

# »Alkohol verursacht Hemmschwellungen«: Medizin und Gesundheit

Was waren die vermutlich ersten Zellen? Ziemlich einsam! Diese Antwort ist falsch – aber nur, wenn man wie ein Erwachsener denkt. Die grauen Zellen von Kindern funktionieren noch ein wenig anders und lassen abseits vom Lernstoff auch Assoziationen zu. Oder abstruse Schlussfolgerungen. Aber kann man es ihnen bei Gesundheitsthemen verübeln? Wer jung ist, hat zumeist das Privileg, fit zu sein. Und damit auch keine Not, sich mit Gesundheitsfragen zu beschäftigen. Auch zählt medizinisches Grundwissen zur Allgemeinbildung, man schnappt es zu Hause, beim Arztserien-Glotzen mit Oma oder sonst wo auf. Oder auch nicht. Denn an deutschen Schulen steht Malaria eher nicht auf dem Lehrplan. Ob das gut ist? Es führt jedenfalls im schlimmsten Fall zu einer angehenden Arzthelferin, die Salmonellen für die Fischchen auf einer Pizza hält. Oder zu einer Zahnarzthelferin, die in ihrer Ausbildung tatsächlich noch an die Existenz von Karius und Baktus glaubt.

# »Akne beginnt im Gehirn«

Was der eigene Körper kann, wie er sich während der Kindheit und vor allem in der Pubertät verändert, ist für Jugendliche natürlich hochinteressant. Da kann vor lauter Entzückung über körperliche Fähigkeiten schon mal die Phantasie mit einem durchgehen:

> **Frage:** Was ist Karies?
> **Antwort:** Ein wichtiges Metall.
> *Klasse 9, Hauptschule*

> Eine Stegreifaufgabe im Biologieunterricht:
> **Aufgabe:** Nenne die Aufgaben von Bandscheiben.
> **Schüler:** Sie stößt Dämpfe ab.
> *Klasse 5*

> Aus einer Klassenarbeit:
> »Alkohol verursacht Hemmschwellungen.«
> *Klasse 8, Realschule*

Hm, lag hier vielleicht eher eine Hirnschwellung vor? Oder hat da bereits etwas ganz anderes angefangen zu sprießen?

**Frage:** Was sind die körperlichen Veränderungen in der Pubertät?
**Antwort:** In der Pubertät beginnt die Akne im Gehirn.

*Klasse 9, Realschule*

Und auch sonst scheint das Gehirn die Jugendlichen sehr zu beschäftigen. Vielleicht, weil ihr Denkorgan die meiste Zeit eher unterbeschäftigt ist?

**Aufgabe:** Nenne ein Beispiel für eine Mutation.
**Antwort:** Gehirnerschütterung.

*Klasse 9, Hauptschule*

**Frage:** Wie nennt man den vorderen, gewölbten Teil der Außenhaut des Auges?
**Antwort:** Vorhaut.

*Klasse 8*

Oder auch aus einer anderen Klasse:
»Beim Lidschlussreflex schließt sich die Vorhaut über dem Auge.«

*Klasse 9*

**Frage:** Wo gibt es Malaria?
**Antwort:** Die Malarias fühlen sich im Kongo wohl, da die Mücken von Gemüse leben.

*Klasse 9, Hauptschule*

 *Malaria ist eine Tropenkrankheit, die vor allem in Afrika, Asien und Lateinamerika vorkommt. Der Krankheitserreger wird durch Stechmücken übertragen, eine Infektion kann – vor allem, wenn sie nicht richtig behandelt wird – tödlich enden. Einen Impfstoff gibt es bislang nicht, der einzige Schutz besteht darin, Stiche zu vermeiden, zum Beispiel durch Moskitonetze.*

**Frage:** Was ist ein Invalide?
**Antwort:** Ein jüdischer Feiertag.

*Klasse 8*

**Frage:** Was sind die Gefahren von Zigaretten-konsum?
**Antwort:** Rauchen verursacht Samenerguss.

*Klasse 7, Realschule*

Und Vorsicht vor großen Brüsten! Klausurthema sind Schönheitsoperationen bei Jugendlichen, eine Schülerin schreibt:

»Schönheits-OPs sind gefährlich und können sogar zum Tod führen. So gibt es zum Beispiel immer wieder Porno-Stars, die durch das Gewicht ihrer großen Brüste im Schlaf erstickt werden.«

*Klasse 10*

**Aufgabe:** Beschreibe den Weg der Nahrung durch den Verdauungstrakt.

**Antwort:** ... am Ende kommt es als Sperma raus.

*Klasse 7, Realschule*

Und wenn tatsächlich mal Sperma im Spiel war, geht es genauso abenteuerlich weiter – zumindest in den Köpfen der Kinder:

**Frage:** Was sind Venen?

**Antwort:** Das ist wenn eine Frau ein Kind kriegt. Da heißt es oft: Sie lag stundenlang in den Venen.

*Klasse 5*

**Frage:** Wie heißt die Frau, die hilft, Babys auf die Welt zu bringen?

**Antwort:** Hebangel.

*Klasse 3*

# Je oller, desto doller

Wer jetzt denkt, dass vor allem Grundschüler Probleme haben, ihre Körperteile zu identifizieren oder Krankheitsbilder zu erkennen, liegt falsch. Sogar junge **Auszubildende**, die sich dafür entschieden haben, später in einem **medizinischen Beruf** zu arbeiten, haben erschreckende Wissenslücken.

**Aus dem Leben einer Berufsschullehrerin:**
Eine angehende Zahnarzthelferin zeigte während ihrer Abschlussprüfung in der Berufsschule, dass sie seit der Grundschule nicht viel dazugelernt hatte. Auf die Frage »Wie heißen die zwei kariesverursachenden Mikroorganismen?« antwortete sie: »Karius und Baktus.« Korrekt wäre die Antwort »Streptococcus mutans und Lactobazillus« gewesen – diese Mikroorganismen produzieren Säuren, die den Zahn angreifen. Karius und Baktus sind zwei »Zahntrolle« aus dem gleichnamigen norwegischen Kinderbuch. Es war auch in Deutschland lange das einzige Kinderbuch zum Thema »Zahnpflege«.

»Ein erwachsener Mensch hat 32 Weisheitszähne.«

*Berufsfachschule*

Aus einer Klassenarbeit in der Berufsschule für Zahnmedizin:

**Frage:** Was sind Salmonellen?

**Antwort:** Das sind die kleinen Fischchen auf der Pizza, von denen mir immer schlecht wird.

*Erstes Lehrjahr*

Frage zum Thema »Allergien«:

Was sind Konservierungsstoffe?

**Antwort:** Das ist das, wo man Fisch rein macht.

*Zweites Lehrjahr, Berufsschule*

Ah ja, stimmt. Und Aromastoffe sind, wo man den Joghurt reintun tut, ne?

**Aufgabe:** Nennen Sie vier Symptome eines Herz-infarkts.

**Antwort:**

1. Brustschmerzen

2. Schmerzen im linken Arm

3. Todesangst

4. Menstruation

*Zweites Ausbildungsjahr, Berufsfachschule*

**Frage:** Was passiert, wenn eine schwangere Frau sich mit Röteln infiziert?

**Antwort:** Dann kommt das Kind mit roten Punkten zur Welt.

*Abschlussprüfung zur Arzthelferin, Berufsschule*

---

 *Wenn sich eine Schwangere mit der Kinderkrankheit Röteln infiziert, liegt das Risiko einer Übertragung auf das ungeborene Kind bei rund 30 Prozent. Im schlimmsten Fall drohen Wasseransammlungen im Körper des Fötus, Schädigungen von Leber oder Herz oder sogar der Tod. Allerdings stecken sich Schwangere eher selten an, denn schätzungsweise 60 bis 70 Prozent der Erwachsenen in Deutschland hatten die Röteln bereits als Kinder und sind lebenslang immun.*

---

Nun gut, Krankheiten sind vielleicht kein Hobby von Kindern und Jugendlichen. Aber spätestens ab der Pubertät wird alles rund um das **Thema »Sex«** superinteressant. Darin kennen sich die Schüler also bestimmt bestens aus! Von wegen. Doch mehr dazu im nächsten Kapitel.

# Der »Coitus corruptus«:
# Rätselraten in Sexualkunde

Es gibt in der Schulzeit kaum etwas Interessanteres als den eigenen Körper, oder? Doch: den des anderen Geschlechts. In einer Zeit, in der die Gedanken jahrelang um Mitschüler kreisen, die man mehr als nur »nett« findet, ist Sex DAS zentrale Thema. Über ein angeödetes Publikum können sich Lehrer der Sexualkunde nicht beschweren. In keinem anderen Fach wird allerdings mit so viel gefährlichem Halbwissen geprotzt: Niemand gibt schließlich gern zu, von Sex keine Ahnung zu haben. Hinzu kommt, dass sich die multimedial vernetzten Schüler problemlos ihre eigene Portion expliziter Aufklärung beschaffen können, noch bevor der deutlich weniger explizite Sexualkunde-Unterricht in der achten Klasse beginnt. Dass sich in Prüfungen und Tests trotzdem so verblüffende Wissenslücken auftun, kann nur dem Umstand geschuldet sein, dass der Kopf von Hormonen vernebelt ist. Hartnäckig halten sich unter Schülern abstruse Gerüchte über Verhütungsmethoden, die Wege zu einer Schwangerschaft und die Anatomie von Geschlechtsorganen – oder deren Namen.

# Der Uterus ist ein Planet

Sex, Sex, Sex – im Unterricht. Das ist für Pubertierende wirklich zum Wahnsinnigwerden. Wie soll man da einen klaren Gedanken fassen? Eben.

**Frage:** Was ist der Uterus?
**Antwort:** Ein Planet.

*Klasse 8, Realschule*

Schülerfrage in der Auftaktstunde zum Thema »Aufklärung«:
»Können Nutten eigentlich auch schwanger werden?«

*Klasse 8, Realschule*

Und schon befinden wir uns mitten in den Irrungen und Wirrungen der – manchmal »göttlichen« – **Fortpflanzung**:

**Aufgabe:** Nenne die Aufgaben der Bestandteile eines Spermiums.
**Antwort:** Der Spermienkopf transportiert die Erbgötter.

*Klasse 8, Realschule*

**Frage:** Wann ist der Zeitpunkt des Eisprungs im weiblichen Zyklus?

**Antwort:** Mittwoch.

*Klasse 10, Realschule*

 *Wann eine Frau ihren Eisprung hat, ist nicht nur von Frau zu Frau unterschiedlich, sondern kann sich auch von Zyklus zu Zyklus verändern. Der Eisprung, also die fruchtbaren Tage, findet meistens zwischen dem 12. und dem 17. Zyklustag statt – und damit ungefähr zwei Wochen nach Beginn der vorherigen Regelblutung.*

**Frage:** Wie nennt man das ungeborene Kind im Mutterleib?

**Antwort:** Sombrero.

*Klasse 4, Grundschule*

# Der »Coitus corruptus«

Auch Jugendliche wollen Sex haben, doch keinesfalls ein Baby. Je mehr sie über **Verhütung** wissen, desto besser. Sollte man meinen …

Noch eine Weisheit zur Temperaturmethode:

»Mit dem Thermometer prüft man, ob die Frau gerade nicht reifungsgeleitet ist.«

*Klasse 7*

 *Die Temperaturmethode geht so: Jeden Morgen, nachdem die Frau zum möglichst gleichen Zeitpunkt nach mindestens fünf Stunden Schlaf aufgewacht ist – wohlgemerkt ohne Stress und vorherigen Alkohol- oder Medikamentenkonsum –, misst sie als Erstes ihre Temperatur. Anhand der äußerst geringen Schwankungen erkennt sie ihre fruchtbaren Tage. An alle Teenies: Das ist etwas für Frauen, die schwanger werden wollen – nicht umgekehrt.*

Und wie war das noch mit der Befruchtung und dem Ei?

Aus einer Klassenarbeit:
»Das unbefugte Ei kann sich nicht in die Gebärmutter einnisten!«

*Klasse 7, Realschule*

**Aufgabe:** Nenne eine unsichere Verhütungsmethode, die nicht zu empfehlen ist.
**Antwort:** Homo erectus.

*Klasse 8, Gesamtschule*

Nein, der Coitus interruptus hat nichts mit einem Steinzeitmenschen zu tun. Für diese Art der Verhütung denken sich Schüler aber gern noch andere Begriffe aus, wie in dieser Klassenarbeit:

> »Eine sehr unsichere Verhütungsmethode ist der
> coitus corruptus.«
> *Klasse 7, Realschule*

Wirklich völlig korrupt, dieser unterbrochene Geschlechtsverkehr. Und das Kondom ist auch ein ziemlich obskures Teil.

> Aus einer Klassenarbeit:
> »Das Kondom schützt das Glied.«
> *Klasse 7, Realschule*

> **Aufgabe:** Nennen Sie einen Vorteil des Kondoms.
> **Antwort:** Man muss es nicht schlucken.
> *Abschlussprüfung Arzthelferin, Berufsschule*

# Cellulite C macht gelbe Haut

Dass die Hormone pubertierende Jugendliche fluten, ist bekannt. Doch hat das auch Einfluss auf **medizinisches Grundwissen**? Offenbar.

**Aufgabe:** Nenne ein weibliches Sexualhormon.

**Antwort:** Estragon.

*Klasse 10, Gemeinschaftsschule*


**Aufgabe:** Nenne eine Krankheit, die beim Geschlechtsverkehr übertragen werden kann.

**Antwort:** Cellulite C, davon bekommt man gelbe Haut.

*Klasse 8, Gesamtschule*

 *Gemeint ist hier wohl Hepatitis C, eine Viruserkrankung, mit der sich jährlich weltweit ungefähr drei bis vier Millionen Menschen infizieren. Bei einer fortgeschrittenen Erkrankung kann es zu Gelbsucht kommen. Eine Ansteckung über Geschlechtsverkehr ist allerdings sehr unwahrscheinlich, da Hepatitis C in erster Linie über Blut übertragen wird.*

Aus einer schriftlichen Abschlussprüfung für zahnmedizinische Fachangestellte:


**Aufgabe:** Erläutern Sie den Vorgang einer Schmierinfektion.

**Antwort:** Eine Schmierinfektion kann beim Sex passieren. Sperma gelangt in die Scheide.

Aus einem Aufsatz über Pränatale Diagnostik:

»Die Wissenschaft ermöglicht Eingriff in die Zukunft des Kindes, bevor es überhaupt das Lichtblick entdeckt hat.«

*Klasse 12, Fachoberschule*


Oder auch so:

»Durch die verbesserten Möglichkeiten der Pränataldiagnostik entscheiden sich immer mehr Menschen, vor allem Frauen, auch im höheren Alter noch Mutter zu werden.«

*Klasse 11*


Wortbeitrag eines Schülers:

»Eine Frau menstruiert zwei Mal im Monat jeweils vierzehn Tage lang.«

*Klasse 10, Realschule*


**Fassen wir zusammen:** Frauen haben ständig ihre Tage, Cellulitis ist eine Geschlechtskrankheit, und Coitus corruptus ist eine Verhütungsmethode. Bleibt nur zu hoffen, dass diese Schüler ihr doch sehr rudimentäres Wissen im Bereich Sexualkunde erweitern, bevor sie sich auch physisch dem anderen Geschlecht zuwenden.

# Schlusswort

Auf den vergangenen Seiten haben wir gelernt, dass man viele Dinge auf der Welt auch anders sehen kann – oder frei zitiert nach Shakespeare: Es gibt mehr Lösungen zwischen richtig und falsch, als die Schulweisheit sich träumen lässt. Zu kaum einem Zeitpunkt in unserem Leben sind wir gezwungen, so viele Fakten aus unterschiedlichen Bereichen auswendig zu lernen wie als Schüler. Das hat in den vergangenen Jahrzehnten, ja Jahrhunderten, durchaus Sinn gemacht. Wenn heute aber jemand nicht weiß, in welchem Bundesland Bispingen liegt oder wie die Gehörknöchelchen heißen, zückt er halt sein Smartphone und googelt ruck, zuck die Antwort. Diesen Bedingungen passt sich langsam, aber sicher auch die Lernanstalt Schule an. Im innovativen PISA-Siegerland Finnland etwa sollen in Zukunft weniger Fakten in spezialisierten Fächern gepaukt werden. Stattdessen geht es zunehmend um Kompetenzen, zum Beispiel wie man Inhalte recherchiert oder Wissen sinnvoll darstellen kann.

Aber so oder so gilt nach wie vor: *errare humus est*, oder wie war das noch gleich?

Wir danken allen Einsendern der Zitate und Erlebnisse, ohne die dieses Buch nicht möglich gewesen wäre. Und vertrauen darauf, dass Schüler – trotz aller Häme, die falsche Antworten hervorrufen können – neugierig bleiben, sich und ihren Lehrern weiterhin Fragen stellen und auf welche Art und Weise auch immer: ihren Weg gehen. So wie dieser Zweitklässler, der, nachdem seine Grundschullehrerin ihn aufforderte, am Arbeitsblatt weiterzuarbeiten, zu ihr sagte: »Lass du mich mein Leben leben.«

Frau Freitag

## CHILL MAL, FRAU FREITAG

Aus dem Alltag einer
unerschrockenen Lehrerin

ISBN 978-3-548-37399-7
www.ullstein-buchverlage.de

Elterngespräche auf Türkisch, neue Bildungsansätze »Hitler hat die Mauer gebaut« oder gerappte Entschuldigungszettel: An Frau Freitags Schule geht es immer voll ab. Abdul und Ronnie haben keinen Plan von englischen Vokabeln, aber wissen alles über Klingeltöne und Menowin. Christine malt lieber mit Mascara statt mit Tusche. Und Elif, die Klassenqueen, stylt sich im Disco-Islam: rosa oder türkis und natürlich Kopftuch. Aber Frau Freitag findet: Ich habe den schönsten Beruf der Welt. Ihr Alltag ist absurd-komische Realsatire – verrückt, anrührend und vor allem sehr lustig.

**ullstein**

# Hilfe, Helikopter-Eltern!

Von Dinkel-Zwang bis Noten-Klage: Helikopter-Eltern kreisen von früh bis spät über ihren Kindern: sie sind ängstlich, ehrgeizig – ubd vir allem immer zur Stelle. Hebammen, Erzieher, Lehrer, Ärzte, Trainer und Professoren sowie Hunderte SPIEGEL-ONLINE-Leser haben nun endlich ausgepackt: Sie erzählen, was sie mit übermotivierten Eltern von Geburtsvorbereitungskurs bis zur Uni erlebt haben. Herausgekommen ist eine Realsatire, die viele zum Lachen, aber auch einige zum Verzweifeln bringt.

Lena Greiner und Carola Padtberg
**Verschieben Sie die Deutscharbeit –
mein Sohn hat Geburtstag!**
Von Helikopter-Eltern und Premium-Kids

Taschenbuch
Auch als E-Book erhältlich
www.ullstein.de

ullstein